U0925860

哲学是什么

张汝伦——著

北京出版集团
北京出版社

图书在版编目（CIP）数据

哲学是什么 / 张汝伦著. — 北京：北京出版社，2021. 3

ISBN 978-7-200-15850-2

Ⅰ. ①哲… Ⅱ. ①张… Ⅲ. ①哲学—通俗读物 Ⅳ. ① B-49

中国版本图书馆 CIP 数据核字（2020）第 164569 号

总 策 划：安　东　高立志
项目统筹：高立志
责任编辑：王忠波　吴剑文
责任印制：陈冬梅
装帧设计：吉　辰

哲学是什么
ZHEXUE SHI SHENME
张汝伦　著

出　　版：北京出版集团
　　　　　北京出版社
地　　址：北京北三环中路 6 号
邮　　编：100120
网　　址：www.bph.com.cn
发　　行：北京出版集团
印　　刷：北京华联印刷有限公司
经　　销：新华书店
开　　本：880 毫米 ×1230 毫米　1/32
印　　张：7.25
字　　数：135 千字
版　　次：2021 年 3 月第 1 版
印　　次：2021 年 3 月第 1 次印刷
书　　号：ISBN 978-7-200-15850-2
定　　价：58.00 元

目　录

自 序

这本小书中收录的，是一个从事哲学工作30余年的人写下的有关哲学的文字。虽然“哲学”一词不像“拓扑学”或“有机化学”那样，只限于专业人士和专业文献，而是早已进入寻常百姓的日常语言中。我们经常在日常生活中听到人们大谈“人生哲学”或“哲学头脑”之类的话，可真要问什么是“哲学”，除了蹩脚教科书提供的“爱智慧”“智慧之学”“世界观的学问”“时代精神的精华”之类不但空洞，而且几乎都有问题的、根本不是定义的“定义”外，就无言以对了。

当然，人们未必都会从教科书上去了解“哲学”究竟为何，而是根据自己想当然的成见或靠不住的印象，对“哲学”有自己自发的理解。这种理解大致可分为两类。一类是对“哲学”表面高大上，实际上假大空的理解，即认为哲学就在谈论“存在”“形而上学”“宇宙万有”“人生价值”“天道”“心性”“此在”“精神”“灵魂”等等大词玄语的营生，要解决的是宇宙和人生的根本问题。文青与民哲基本都是出于这种理解而开始他们的“哲学追求”的。另一种对“哲学”的理解正相反，认为“哲学”既然是“智慧之学”，一定是一种做事的窍门，掌握之后就无往而不利。我年轻时曾有人鼓吹“养猪的哲学”和“种花生的哲学”；近年来则与时俱进、更新换代了，从“炒股的哲学”到“管理哲学”一应俱全。以上两种对哲学的理解只是限于对哲学“有兴趣者”（这样的人好像越来越多）；还有一种对“哲学”完全无知的理解似乎也可一说，那是我们这个讲求实际的民族大部分人对“哲学”的理解，即哲学纯粹是于事无补的空话，甚至是骗人唬人的鬼话。

对于“哲学”的这些流行理解，反映了哲学在我们社会还缺乏根基。即使去问专业从事哲学的人，也未见得能给出比上面这些流行理解高明多少的定义。话要说回来，“哲学”的确不像“拓扑学”或“有机化学”，更不用说“文学”或“史学”那么容易定义，它的确是“难言也”。西人有言，有多少个哲学家就有多少种哲学，就说明即使是专业哲学家，对哲学的理解也是非常不同的。分析哲学家认为欧陆哲学或德国古典哲学根本不是哲学；中国也有人认为中国古代哲学不能算是哲学；而也有许多哲学家认为英美分析哲学家只是语言分析的专业人士，他们的工作与哲学没有太大的关系；我也曾亲耳听到某些西方同行不承认尼采或萨特是哲学家；如此等等，不一而足。即便不是彼此否定，哲学家对于哲学的理解也的确有很大的分歧，亚里士多德对哲学的定义与德里达对哲学的表述几乎没有可通约性；托马斯·阿奎那对哲学的理解也一定不会被卢卡奇接受。这种在一个学科内部对学科认知的分歧，是任何一个其他学科都不会有的。

但是，哲学这门学科不管怎么说，除了个别哲学家自己宣判它死刑或认为它已经过去了之外，仍然是人类文明所建立的最古老的学科，对人类文明的发展做出过决定性的贡献，从古至今得到一切有教养的人的高度重视和尊重。各种不同哲学观点和立场的人都用“哲学”来称呼他们从事的事业，说明人们对什么是“哲学”仍然有一定的共识，正是这种共识从本质上规定了“哲学”的意义。令人奇怪的是，人们在被问到“什么是哲学”时，往往把这种共识，或者说哲学的基本特征给忘了。

我们一般把“哲学”作为名词来用，但西方人利用他们语言的特点，往往把哲学做动词用，其用意在于强调哲学首先是一种特殊活动，即“对思想的思想”，亚里士多德和黑格尔都这么认为。对思想的思想，也就是思想对自己的反思。我们现在没有足够的证据说，动物没有思想；但只有人才会对自己的思想进行反思，即思想过后会再去想想自己想得对不对，这是对思想的第二次思想。这种思想，也就是批判性思想，即对既有的思想进一步思考和判断。这是人脑特有的功能，正是由于有这种功能，人类得以不断发现自己的错误和不断纠错，不断改进自己的思想和行动，不断总结自己的成就并加以进一步提高。没有这样的反思行动，人类文明根本不可能产生，人类会像所有其他动物一样，始终停留在依靠本能和自然天赋行动的水平。

当然，单纯的反思思维还不能叫哲学，一般人也都会对自己已有的想法进行反思。哲学的反思有它特有的目标，即关注我们知识、行为、价值的普遍性预设。人的思想，一般都有未曾明言的前提和预设。例如，当我们判断一个知识命题的对错时，我们已经预设了正确与错误的判准。当我们谴责一个不义的行为时，已有预设的正义概念使我们得以进行这样的谴责。当我们给价值排序时，我们已经预设了人生的意义。总之，真正决定我们的思想和行为的，是它们赖以进行的种种普遍性预设。这些预设的改变和颠覆，将引起真正的思想和行为的革命。康德的批判哲学之所以产生了巨大而深远的影响，就是因为它批判地反思了传统真理的预设，予以颠覆，从而引起了一场名副其实的思想革命。

作为“思想的思想”的哲学的另一个基本特征是超越，这个基本特征与反思有内在的关联。反思思维是“退一步”，与当下的实际事务和目的拉开距离，即超越事实世界，而对自己的思想进行再思想，这就决定了哲学是一种超越的非实用性思维。休谟在《人性论》中便指出：“在我看来，最明显的一条真理就是：畜类也和人类一样赋有思想和理性。”[①]休谟的这个论断初看上去似乎过甚其词，纯属猜测。其实不然。我们人的思维，最经常的是实用性思维，从原始人类如何觅食到现代人类如何将人送

① ［英］休谟：《人性论》，关文运译，商务印书馆，1980年，第201页。

出地球，都属于这种类型的思维，设计一种制度或发现一条规律的思维，也可看作这类思维。虽然人们可以将理论思维与实用性思维再加以区分，但它们都有如下的共同特点：精心选定手段达到特定目的；就事论事，不及其余，解决了所要解决的问题思维就告结束；这种思维一般可以有明确的答案；这种思维总是限于一个特殊的范围，在此意义上是局部性的，而不是整体性的。还必须指出的是，从事纯粹理论思维的人总是少数，一般人的主要思维类型是实用思维。休谟发现，在使用理性思维以解决现实问题上，即在“选定手段以达目的时，是被理性和意图所指导的，而当我们做出那些趋向自卫，以及取得快乐和避免痛苦的行为时，并不是盲目无知和任意妄为的”这一点上，人类与畜类并无二致：“动物行为和人类行为在这一方面是那样的完全类似。”①

这听上去有点不舒服，实际并非没有道理。随着人类中心论偏见（培根所谓的“种族假相”）的破除，相信对动物的研究也会逐渐证明休谟的论断并非故作惊人之语。思维能力作为人类的天赋能力之一，像人类其他自然能力一样，首先是人类生存的工具，这是无可怀疑的。但如果人类的思维仅仅停留在这个层面上，即便其余动物的思维永远也达不到人类实用性思维的复杂程度和高深程度，它

① ［英］休谟：《人性论》，关文运译，商务印书馆，1980年，第202页。

们仍然是同一种类型的思维，即生物性思维，归根结底是为了解决生存中所面临的实际问题。

但是，人类还有另外一种类型的思维，即非实用性思维、整体性思维、本原性思维。这种思维的产生不是为了解决实际问题，不是为生物存在所迫，没有任何实用的目的，因而也没有为达此类目的对手段的盘算。它并不满足人类的任何需要，除了追求整体性统一的形而上需要。这种思维，就是哲学。它追问的是整体性问题，是形而上意义的大全——宇宙的本原、事物的根据、世界的统一和人生的意义，一句话，对世界整体性的理解。这是哲学区别于其他学科的根本之处。形而上学之所以在西方哲学中长期占有主导地位，也是因为它最典型地体现了哲学的这个根本追求。

除此之外，人与禽兽动物另一个显著区别在于人会追问自己生活的意义。在《理想国》第1卷将近结束时，柏拉图笔下的苏格拉底说："我们所讨论的不是什么普通小事，而是一个人应该怎样采取正当的方式来生活的大事。"（325D）尽管现代人越来越不思考生活的意义问题，但哲学自古以来就把思考生命的意义作为自己的主要目标。事实上，古人把哲学视为生活的基本方式。苏格拉底说过，未经审视的生活是不值得过的。他这句话说出了人类对自己生命的自觉，直到今天，人生的意义与目的、德性、道德行为、价值判断、幸福等问题还一直是哲学思考的焦点。许多人正是由于人生的困惑而走向了哲学。

当然，人如果一直以物质欲望的追求及其满足作为人生的意义，如当今世界的许多人那样，就不会去追求哲学。哲学是超越的产物，只有与当下世界和实利关怀拉开一点距离，或者说超越感性世界的实利逻辑（不能理解为弃绝感性世界），人类才会去追求理想层面的东西。但无论是哲学的超越还是现实的超越，都是谈何容易，需要有“于不疑处有疑”的品性，方能做到。许多人以为哲学就是给予最终真理的宏大叙事，乐此不疲，顾盼自雄，其实此辈连哲学的门在哪里都还不清楚。哲学起源于疑，通过疑而批判，而超越，而洞察真理，而止于至善。

哲学在这个实利当道的世界日渐式微，这当然只是指它在所谓的学术世界。但在人的精神世界，它永远不会消失，因为它是人之为人的标志。区别只在于好哲学和坏哲学之分。近年来笔者欣喜地看到，与它在学术圈的命运相反，在日常世界中，对它感兴趣的人越来越多。哲学总是在人类的危机时刻或转折关头彰显出它的力量，今后还会是这样。

此书收录的文字，内容多样，但都与哲学有关，或者说，都与我对哲学的理解和信仰有关。读者诸君若能从中看到哲学的魅力和力量，则会被我视为最好的赞赏。

是为序。

张汝伦

2020年4月15日于全球危难中

阅读经典

“经典”一词古已有之，《汉书·孙宝传》载汉末大臣孙宝之言：“周公上圣，召公大贤，尚犹有不相说，著于经典，两不相损。”这里的“经典”的意思就是现在一般对“经典”的理解：具有永恒意义、堪为后世典范的著作。而刘知几的《史通》则更直截了当地说：“自圣贤述作，是曰经典。”[①]佛教进入中国后，佛教典籍也被称为“经典”，如白居易《苏州重玄寺法华院石壁经碑文》：“佛涅槃后，世界空虚，惟是经典，与众生俱。”[②]但即使是狭义的佛教典籍意义上的经典，也是指载有重要思想，传之久远，具有长远价值，世世代代可以从中吸取精神养料的著作典籍。不过，我们对“经典”概念本身，就像对其他许多重要概念那样，还没有深入地开掘和阐发。

西文中相当于汉语“经典”的有两个词。一个是canon，另一个是classic。前者原指基督教的教规，延伸为指一般的规范和准则，以及公认的原著，尤其是经典原著。classic的意思是第一流的、高质量的、堪称典范的、

① 刘知几：《史通·叙事》。

② 白居易：《长庆集》卷六十。

有持久重要性的著作。这些意思中国的“经典”一词中也已包括。“经”和“典”都有“常道”“准则”的意思，“典”还有“制度”“法则”的意思：如《尚书·尧典》：“慎微五典，五典克从。”《古文尚书·五子之歌》：“有典有则，遗厥子孙。”

现在有些人往往就根据这些定义来论述何为经典。例如，有人提出，经典必须具备如下四个特点：一、经典应该具有内涵的丰富性；二、经典应该具有实质的创造性；三、经典应该具有时空的跨越性；四、经典应该具有无限的可读性。[①]这些定义当然都不错，但略显肤浅，未及经典内在的本质。

西方学者对经典概念有比较深刻的探讨和抉发。英国诗人艾略特在《什么是经典作品》中写道：“假如我们能找到这样一个词，它能最充分地表现我所说的‘经典’的含义，那就是成熟。……经典作品只可能出现在文明成熟的时候，语言及文学成熟的时候；它一定是成熟心智的产物。赋予作品以普遍性的正是那个文明，那种语言的重要，以及那个诗人自身的广博的心智。”[②]艾略特用“成熟”来标志经典的特征首先使我们想起了康德对启蒙特征的规定，也是成熟：“启蒙运动就是人类脱离自己所加之

---

① 见刘象愚：《西方现代批评经典译丛·总序》，［美］莱昂内尔·特里林：《诚与真》，刘佳林译，江苏教育出版社，2006年，第6页。

② ［英］T. S. 艾略特：《什么是经典作品》，《艾略特诗学文集》，王恩東编译，国际文化出版公司，1989年，第190页。

于自己的不成熟状态。”[①]但康德这里讲的成熟还只是人心智的成熟；而艾略特用来定义经典的“成熟”却不仅指心智的成熟，还指文明的成熟和语言的成熟。

的确，这样多方面的成熟才不但是经典的标志，也是经典得以产生的条件。经典在一定意义上是对人类经验的高度总结，这样它才会对后世有持久的指导性意义，它才能成为超越时空的教诲和训导。文明倘若不成熟，人类就没有足够的材料去总结。心智如果不成熟，人类就无法进行这样的总结。语言如果不成熟，人类就无法表达这样的总结。经典一定具有丰富的内涵，它必然“是一本永不会耗尽它要向读者说的一切东西的书”[②]。而这种永恒的丰富性，只有文明成熟之后才有可能。同时，也只有成熟的心智才能把握这样其实相当复杂的丰富性，或者说，质量皆具的丰富性。当然，也只有成熟的语言，才能曲尽其妙地表达这种永不枯竭的丰富性。经典之所以对世世代代的人类都有重要意义，是因为它总是包含了深刻的思想。而深刻的思想，只有在文明成熟之后才会产生，也只有成熟心智，才会有深刻的思想。简朴粗陋的语言，根本无法表达深刻的思想。总之，我们完全可以同意艾略特对经典的定义：经典意味着成熟。

---

① ［德］康德：《答复这个问题：“什么是启蒙运动？”》，《历史理性批判文集》，何兆武译，商务印书馆，1996年，第22页。

② ［意］伊塔洛·卡尔维诺：《为什么读经典》，黄灿然、李桂蜜译，译林出版社，2012年，第4页。

经典，常读常新

经典一定是人们常读常新的书，或者用卡尔维诺的话说："是一本每次重读都像初读那样带来发现的书。"[①]当然，这也需要读者是一个有思想、有发现能力的人。任何经典，总是活在当下，总是与一切时代同在，回答每一个它的读者所处时代必然会提出的问题，无论它们具体的内容是什么。对于一个真正有思想能力和发现能力的人来说，所有的经典都是他那个时代的经典。只有思维能力孱弱、缺乏足够想象力的人，才会把《论语》或《史记》看作过去时代的书。也没有一个好学深思者，会认为《荷马史诗》表达的只是虚构的希腊神话，而不是复杂的人类经验。没有一个真正用思想读书的人，会认为先秦思想家或古希腊哲学家只属于先秦和古希腊，而不是我们的同时代人。

经典与一般著作不同的地方就在于，它们不是单纯的书，而是人类经验不可分割的基本组成部分，与之一起生活、成长。另外，阅读经典是人类成长的基本方式，人类每次总是带着新的经验和新的思想去阅读经典，经典也因

---

① ［意］伊塔洛·卡尔维诺：《为什么读经典》，第4页。

而每次都会展现出新的深度和广度。这也就是为什么释义学必然是阅读经典的基本方法论。每次在经典中看到的都是他第一次阅读经典时看到的东西的人，一定是没有思想活力和生命活力的读者。经典是意义的渊薮，是思想取之不尽的源泉。朱熹倾几十年之力于《四书集注》，原因即在于此。经典是无法一览无余的，它随着我们的理解力和领悟力以及我们的问题意识的提高而愈益精深博大，不可方物。

伽达默尔在《真理与方法》中根据柯林伍德在其《自传》中提出的问题逻辑，论述了他自己的释义学的问答逻辑的思想。[①]大意是柯林伍德认为，理解一个文本首先要理解它所要回答的问题；而他认为，理解文本的首要前提是我们先向它提出问题，然后将文本视为对我们问题的回答。“因为提出问题，就是打开了意义的各种可能性，因而就让有意义的东西进入自己的意见中。”[②]文本的意义是无穷尽的，因为一代又一代的人会提出不同的问题，以不同的方式去理解，文本因而获得新的意义。这样的问答逻辑主观主义的意味是很明显的，它强调的是读者的主动性，而文本似乎只能被动回答读者或解释者所提的问题，而产生它的意义，却没有看到文本，尤其是经典文本对读

① Cf. Hans-Georg Gadamer, Wahrheit und Methode, Gesammelte Werke, Bd. 1 (Tübingen: J.C.B. Mohr, 1986), SS.375-383.

② Hans-Georg Gadamer, Wahrheit und Methode, Gesammelte Werke, Bd. 1 (Tübingen: J.C.B. Mohr, 1986), S.381.

者的引导作用。读者不可能随便提问，他的问题也不可能不围绕着文本提出。作为经典的文本更是对读者有重要的引领之功，它们会将读者引领到一个全新的问题领域和意义领域。即使是对经典提出批判性问题的读者，也必须首先理解了文本的特殊意义，才能提出有针对性的相关问题。一个对《纯粹理性批判》的基本意义毫无理解的人，即完全未被它引入它特殊的意义领域和问题领域的人，是不可能提出它可以是其回答的问题的。我们当然会，也应该向经典提出问题，但这样的提问一定以我们被经典引领向新的理解和发现为前提。

严格说来，并不是所有文本的意义都是永无穷尽、永不枯竭的。只有经典文本，其意义才是永无穷尽、永不枯竭的。一本地理教科书，它的意义是有限的，是不能与《中庸》这样的经典相提并论的。因为前者并不能成为人类历史经验的一部分，并不随着人类存在而成长，而是永远定格在某个时代的人类知识系统的某一点上。经典则不然，它们融入了人类历史经验，随着人类的存在而不断成长。它们引领人类的历史经验，同时也被人类的历史经验不断丰富，它们的意义因此而不断涌现。“一部经典作品是一部永不会耗尽它要向读者说的一切东西的书。”[①]所以，经典是由历史背书的。

也因为如此，任何对经典的二手注释、评论、诠释都

① ［意］伊塔洛·卡尔维诺：《为什么读经典》，第4页。

无法替代对经典本身的研读。众多关于经典的二手著作与经典本身相比只有次要的意义，也证明经典本身的意义是不可抹杀的，是决定性的。经典本身是泉眼，由种种解释得来的意义只是从中产生的泉水。泉眼及其生长机制产生了泉水，而不是一代又一代的诠释造成了泉眼，这是显而易见的道理。此外，诠释不总是合理的，但不合理的诠释丝毫不会影响经典本身的地位。经典存在于解释之中，但解释并不等于经典，就像泉水不等于泉本身。任何诠释和阐释都是在经典本身的问题刺激下产生的，在此意义上，单纯的注释还算不上完全意义的阐释。

因为经典早已成为我们历史经验的一部分，所以它未必始终让我们觉得出乎意料或始料不及，相反，“有时候我们在一部经典中发现我们已知道或总以为我们已知道的东西，却没有料到我们所知道的东西是那个经典文本首先说出来的”[①]。但正如黑格尔说的，熟知非真知，[②]我们以为我们早已知道、卑之无甚高论的东西，随着我们深入探讨和思索，会发现它们真正的深刻、独特和意想不到，这是我们读经典时都会有的经验。经典，尤其是中国儒家的经典，往往看上去不像西方哲学的经典那么莫测高深，不知所云，实际却不然，如果我们用心研读的话，还是可以

---

① ［意］伊塔洛·卡尔维诺：《为什么读经典》，第5页。

② ［德］黑格尔：《精神现象学》，上册，贺麟、王玖兴译，商务印书馆，1983年，第20页；《逻辑学》，上册，杨一之译，商务印书馆，1966年，第9页。

发现许多意想不到的东西。《中庸》就更是如此了，它可算是儒家经典中最为难读的著作之一，更值得我们去用心研读与发现，以期通过对它的阐释，进入一个全新的思想境界。

但这不等于我们为了要达到某种具体的目的去读经典。阅读经典应该本身就是目的，我们不能将经典作为一个需要我们从外部加以征服的客体来对待，而应该将阅读经典作为丰富我们思想和经验的必由途径，作为我们生命活动不可或缺的一部分来对待，使之最终融入我们的生命和生活本身。西人说哲学是一种生活方式即有此意义在。夫子曰，“知之者不如好之者，好之者不如乐之者”（《论语·雍也》），也说明古人皓首穷经，首先不是为了实用的目的，而是以之本身为目的，穷经（阅读经典）为了求道，生命通过得道而完善、丰富和提高，进而融入宇宙万化，与天地参。卡尔维诺说他认识一个出色的艺术史家，极为渊博，在其读过的书中，最喜欢《匹克威克外传》，他在任何讨论中，都会引用狄更斯的这本书的片段，并把他生命中的每一个事件与匹克威克的生平联系起来，渐渐他本人、宇宙及其基本原理，都在一种完全认同的过程中，以《匹克威克外传》的面目呈现。[①]这是一个经典化为我们内在生命经验的一个显例。

经典之所以能融入我们的生命，构成生命经验的内

---

① ［意］伊塔洛·卡尔维诺：《为什么读经典》，第6页。

在骨骼，是因为真正的经典不管表面内容为何，总是与宇宙人生的基本问题有关，构成我们安身立命的依靠，卡尔维诺甚至说，经典是“一本与古代护身符不相上下的书”[①]。也就是这个意思。经典涉及人终极关怀的基本问题，不可须臾离也，可离非经典也。

当然，这并不是说，我们对任何经典所表达的思想都要举双手赞成。相反，即便是极为尊重经典的人，都会有自己不喜欢、不同意和反对的经典。这或许与自己的性情有关，或许与成长的背景有关，或许与时代的风气有关，但不管什么原因，人们不可能所有经典都喜欢是一个基本事实。荀子不喜欢庄子；托尔斯泰对莎士比亚评价不高；尼采激烈反对苏格拉底。但这种不喜欢和反对从反面证明了因为经典构成我们历史经验的内在机理，我们不能对它们无动于衷，而总要反对和批判某些经典。卡尔维诺曾经现身说法，说：“卢梭的所有思想和行动对我来说都十分亲切，但它们在我身上催发一种要抗拒他、批评他、要与他辩论的无可抑制的迫切感。当然，这跟我觉得他的人格与我的性情难以相容这一事实有关，但是，如果这么简单的话，那么我不去读他就行了；事实是，我不能不把他看成我的作者之一。”[②]即使是我们不喜欢和反对的经典，其实也是我们经验的一部分，与我们息息相关，所以我们

① ［意］伊塔洛·卡尔维诺：《为什么读经典》，第6页。

② ［意］伊塔洛·卡尔维诺：《为什么读经典》，第6—7页。

才会那么急切地想要反驳它们和否定它们。但是，我们还是应该尽可能对经典持尊重的态度。

人类的精神文明在一定程度上是由经典构成的，世界各民族、各种精神文化的基石，是它们的经典。讲希腊文明，离开希腊神话、希腊悲剧和希腊哲学是无法想象的。同样，讲中华文化和精神世界，离开我们那些公认的经典，就无从谈起。经典是人类对世界和对自己理解的集中体现和记录，“经典帮助我们理解我们是谁和我们所达到的位置”[①]。经典既是文明的基石，也是文明的坐标，我们对自己的时代和文明的种种认同、批判和反对，很大程度上是基于经典这个坐标；而我们对自己的认识，同样不能没有这个坐标。我们究竟是谁？我们现在怎样？要去向何方？基本上是根据这个坐标来判断的。

如何阅读经典

我们今天所处的时代是非常不利于经典阅读的时代。这个时代的特征是相当浮躁，功利心太盛，使得人们很难静下心来认真地研读经典，体会和吸收前人难以企及的智慧。人们今天要么根本不阅读，要么只读网络快餐文化炮

① ［意］伊塔洛·卡尔维诺：《为什么读经典》，第10页。

制出来的东西。更有一些人出于种种牟利的目的，将经典歪曲加工成文化快餐，美其名曰："文化普及。"对此我始终是否定的，歪曲的"普及"根本不是普及，而是糟蹋。像现在遍地都是的国学班，多数都是以文化消费和牟利为目的，主讲者更不具备应有的资质，信口开河乱讲一通。结果，中华文化的博大精深不见了，有的只是一些众所周知的老生常谈，甚至以讹传讹，害人不浅。

但也正是在这样一个浮躁的时代，我们更应该将阅读经典提上议事日程，将经典作为我们主要的阅读对象，否则我们的文化真有失传之虞。当然，在全球化的今天，我们不但要了解中国，也要了解世界。所以我们不但要读中国的经典，也要读世界的经典。经典应该构成我们教师的文化基础。没有一些人类基本的经典打底，我们是无法胜任教师的工作的。

最后我想谈一下我们应该如何阅读经典。首先我觉得阅读经典一定要有敬畏心，经典是由少数不世出的天才创造的文明的大经大法，它们实际上表达了人类文明的基本原则和人类思想情感的基本特征。它们体现了人类最宝贵的智慧、追求、理想和热情，是独一无二、不可复制的。没有敬畏之心，我们就无法真正从中学到经典所表达的人类最美好的东西。今天的人们出于现代人的无知与狂妄，总觉得古人不过如此，比起我们来差远了，至少他们不懂现代科学技术知识，不知道互联网和人工智能。不少人书还没看懂，就在那里对经典及其作者评头论足、横加指责，这是今天常见的现象。这是非常荒谬的。没有敬畏心，我们根本无法进入经典的精神世界。

其次，我们要明确阅读经典的目的。我已经讲过，经典无论在形式与内容上都相当完美，都能给予我们很多东西。但读经典首先是求道，弄清经典要向我们传达的人类普遍的道理和真理，因此，我们在读经典的时候，要先去发现它所传达的道理。但是，一般的经典不会像教科书那样，一条一条把道理现成摆在那里，我们一看就明白了。经典讲的道理一般都是大道理，大道理总是复杂的，需要我们去分析、去研究。而分析研究无非是要求我们对经典的每一句话，甚至每一个字都不能放过，作者的修辞、语气、比喻、表述顺序，都必须仔细研究，反复阅读，才能有所收获，才能把握经典要告诉我们的真理。

例如，韩愈的《师说》是我们大家都非常熟悉的经典文本。如果我们不是怀着对经典的敬畏之心去读它，往往会轻描淡写地认为韩文公这篇文章是在提倡“师道”，最多会加上“因为确立师道是振兴儒道的先决条件，同时又为召集后学，推广‘古文’确立名分上的依据。所以其意义远超于单纯的尊师之外”这样解读的话，经典就变成一篇普通的历史文字了。其实，这篇文章的目的不在于“尊师”，“是故弟子不必不如师，师不必贤于弟子，闻道有先后，术业有专攻，如是而已”。这些话足以说明我的观点。韩文公此文的真正目的一方面是说明“有师”之必要与重要；另一方面阐发“师”之义理，即“师”的本质规定。而这两方面其实指向韩愈此文想表示的真正意思：人不学，不知道。学是成人的关键，也是文明的关键；而师则是关键的关键："古之学者必有师。"反过来说，既然师的职责是助人成人，"传道、授业、解惑"，则"记问之学，不足以为人师""授之书而习其句读者，非吾所谓传其道、解其惑者也"。那么，今天是否师道早已不存了呢？如果读后引起我们结合自己的时代进行深入的思考，那么我们才算是在读经典。

任何学科都有自己的经典，我们一般的人读的大多是文史哲方面的经典。下面我就分别就文史哲的经典如何读粗浅地谈一下我的看法。哲学著作与史学和文学著作最不一样的地方就在于作者一般都是要提出一个重大问题，然后予以回答。所以我们在读哲学经典时，最要紧的是发现问题。这些问题有的是以非常直接明确的方式提出来的，有些则是以比较隐蔽和晦涩的方式提出的。但不管是哪一种，你都要试着找出来。找出以后，下一个问题就是，它为什么要提出这个问题。找出这个问题的答案，可以说已经有很大的收获了。比如《荀子·性恶篇》一上来就说："人之性恶，其善者伪也。"这篇文章的篇名似乎就把荀子这里要讨论的问题挑明了。但是，荀子为什么说"人之性恶，其善者伪也"？他的根据是什么？他这么说是为什么？他自己是如何提出解决性恶问题的方案的？这些问题并不容易一下回答，而需要我们对《性恶篇》反复地贯穿起来读，还要结合荀子的其他文本一起读，才能渐渐懂得他的用意。但是哲学家有的时候并不是以如此直截了当的方式提出问题的，而是以格言、寓言、故事的方式来暗示问题，这就需要我们不仅运用理性的力量，还要运用我们的想象力才能最终把握哲学家提出的问题。例如，我们读《庄子》便会是这样。庄生梦蝶，庖丁解牛，是我们大家耳熟能详的故事。可庄子通过这样的故事提出了什么问题？光读文本的字面意思还不行，还要有深一层的思考，当然，也必须和庄子的其他文字联系起来，才能最终确定他所要提的问题。读哲学经典还有一个要注意的地方就是破译哲学家自己的话语系统。哲学家虽然也会自己生造一些概念，尤其是西方哲学家，但他们也不可避免要用一些大家通用的概念。可即便如此，他们对这些概念往往赋予了他们自己独特的含义，你必须首先破译他们的话语系统，掌握这些概念的独特意义，然后才能读懂他们的著作。这当然不是一个容易的过程，但却是必须的。读哲学经典切忌望文生义、强作解人。所以经典要反复读，要细读，尤其对哲学经典。

哲学问题是要去解说事物的本质，而不像科学作品要的是描述事物的本质。哲学所询问的不只是现象之间的联系，更要追寻潜藏在其中的最终原因与条件。要回答这些问题，只有清楚的论述与分析，才能让我们感到满意。因此，读者最要花力气的就是作者的词义和基本主旨。虽然哲学家和科学家一样，有一些专门的技术用语，但他们表达思想的词句通常来自日常用语，只是用在很特殊的意义上。读者需要特别注意这一点。如果他不能克服自己，总是想将一个熟悉的字看作一般意义的想法，最后他会让整本书变成胡说八道又毫无意义。

中国人特别重视读历史书，读史可以明得失，知兴亡。在读历史著作的时候，首先我们必须明白，就事实而言的历史和就书写记录而言的历史是不同的。历史或者说史学的经典著作并不仅仅为了被动记录已经发生的事，而是作者想把他对这个事件的思考和感受传达给后人。比方我们现在经常在讲的“修昔底德陷阱”，就是从修昔底德写的《伯罗奔尼撒战争史》来的。这部史学经典写的是雅典城邦与以斯巴达为首的伯罗奔尼撒联盟争霸的战争。一场发生在25世纪以前的战争，对今天的我们还有什么意义？每一个参加战争的人都早已长眠，而引发战争的特殊事件也早已不存在。胜利者到了现在也毫无意义了，失败者也不再有伤痛。那些被征服又失落的城市已化为烟尘。但是，今天世界的领导人会读这本书，把自己比作雅典或斯巴达，从而警惕不要掉入“修昔底德陷阱”。

修昔底德说过，他写历史的原因是：希望经由他所观察到的错误，以及他个人受到的灾难与国家所受到的苦楚，将来的人们不会重蹈覆辙。他所描述的人们犯下的错误，不只对他个人或希腊有意义，对整个人类来说更有意义。如果你阅读历史的观点是有限的，如果你只想知道真正发生了什么事，那你就不会从修昔底德，或任何一位好的史学家手中学到东西。如果你真把修昔底德读通了，你甚至会扔开要深究当时到底发生了什么事的念头。历史是由古到今的故事。我们感兴趣的是现在——以及未来。有一部分的未来是由现在来决定的。因此，你可以由历史中学习到未来的事物，甚至由修昔底德这样活在二千年前的人身上学到东西。

总之，阅读史学经典的两个要点是：第一，对你感兴趣的事件或时期，尽可能阅读一种以上的历史书。第二，阅读历史时，不只要关心在过去某个时间、地点真正发生了什么事，还要读懂在任何时空之中，尤其是现在，人们为什么会有如此这般行动的原因。所以读史学经典同样要有问题意识。

最后谈谈如何读文学经典。在一定意义上，文学经典比哲学经典和史学经典更不好读。因为后两种经典都是论说性的，史学著作当然也靠叙述，但叙述的目的是说明道理，这点与哲学经典是一样的。但文学经典基本是想象的。论说性作品要传达的是知识，在读者经验中曾经有过或没有过的知识。想象文学是在阐述一个经验本身，那是读者只能借着阅读才能拥有或分享的经验。因为目的不同，这两种不同的作品对心智便有不同的诉求。

我们都是经由感官与想象来体验事情。我们都是运用判断与推论，也就是理智，才能理解事情。这并不是说我们在思考上用不上想象力，或我们的感官经验完全独立于理性的洞察与反应之外。关键在强调哪一方面的问题而已。在阅读论说性作品时，读者应该像捕食的小鸟，经常保持警觉，随时准备伸出利爪。在阅读小说和诗时，相同的活动却有不同的表现方法。如果容许的话，我们可以说那是有点被动的活动，或者，更恰当的说法应该是，那是带着活力的热情。在阅读一个故事时，我们一定要用那样的方式来表现，让故事在我们身上活动。我们要让故事贯穿我们，做它想要做的事。我们一定得打开心灵，接纳它。在阅读文学经典时，要和经典打成一片，不能把经典作为客观掌握的对象。这样我们才能通过研读经典丰富我们自己的思想世界和提高我们自己的精神境界。

我们应该感谢论说性的作品——哲学、数学、科学——这些学科塑造出我们活着的真实世界。但我们也不能活在一个完全是这些东西的世界里，偶尔我们也要摆脱一下这些东西。这不是说文学永远或基本上是逃避现实的。但事实上就算我们真的要逃避现实，应该也是逃避到一个更深沉、更伟大的真实里。这是我们内在的真实世界，我们独特的世界观。发现这个真相让我们快乐。这个经验会深深满足我们平时未曾接触到的部分自我。

论说性作品与文学作品的基本不同在于目标不同，所以写法也不同。文学会尽量使用文字潜藏的多重字义，好让这些字特有的多元性增加文章的丰富性和渲染力。作者会用隐喻的方式让整本书整合起来，就像注重逻辑的作者会用文字将单一的意义说明清楚一样。文学作品每个人阅读起来会有不同的体会，所谓诗无达诂。论说性的逻辑目标则是完全清晰、毫无言外之意的解说。在字里行间不能有其他的含义。任何相关与可以陈述的事都尽可能说个一清二楚才行。相反，文学却要依赖文字中的言外之意。多重含义的隐喻在字里行间所传达的信息，有时比文字本身还要丰富。整首诗或故事所说的东西，不是语言或文字所能描述的。所以，在文学中，不要去找共识、主旨或论述。那是逻辑，不是诗，二者完全不同。一位外国诗人说："在诗与戏剧中，叙述是让人更模糊的一种媒介。"例如，你根本就无法在一首抒情诗的任何句子中找到任何它想要说明的东西。然而，整首诗来看，所有字里行间的关联与彼此的互动，却又陈述了某种完全超越主旨的东西。

当然，我们可以从文学中学习，从诗、小说、特别是戏剧中学习，但是与我们从哲学或科学的书中学习的方法不同。我们都懂得从经验中学习。所以，我们也可以从小说在我们想象中创造出来的经验中学习。在这种情况下，诗与小说能带给我们愉悦，同时也能教育我们。但这与科学与哲学教导我们的方式不同。论说性的作品不会给我们提供新奇的经验。它们所指导的经验是我们已经有的或可以获得的。这也是为什么说论说性作品是教导我们基本的原理，而文学则借由创造我们可以从中学习的经验，教导我们衍生的意义。为了从这样的书中学习，我们要从自己的经验中思考。为了从哲学与科学的书中学习，我们首先必须了解它们的思想。

读文学作品不要用客观知识的真理标准去要求它们。许多世纪之前，亚里士多德就强调："诗与政治对正确的标准是不一样的。”或者说，与物理学和心理学也是不一样的。如果是解剖学、地理或历史作品，被当作专门论述，却出现技术上的错误，那就应该被批评。但将事实写错却不会影响到一本小说，只要它能自圆其说，将整体表现得活灵活现便行了。我们阅读历史时，希望多少能看到事实。如果没有看到史实，我们有权利抱怨。我们阅读小说时，想到的是一个故事，这个故事只要确实可能在小说家笔下所创造，在经过我们内心重新创造的世界中发生，就够了。

一个好的读者不会质疑作者所创造出来，然后在他心中又重新再创造一遍的世界。换言之，对于文学作品，我们不应该赞成或反对，而是喜欢或不喜欢。我们在批评论说性作品时，关心的是它们所陈述的事实。在批评文学时，我们主要关心的是它是否揭示了人类的普遍经验，关心它写得好不好。在你说自己喜欢或不喜欢一部文学作品之前，首先你要能真正努力过并欣赏作者才行。所谓欣赏，指的是欣赏作者借着你的情绪和想象力，为你创造一个世界。因此，如果你只是被动地阅读一本小说，是没法欣赏它的。就像阅读哲学作品时，被动地阅读也是一样无法增进理解力的。要做到能够欣赏，能够理解，在阅读时一定要主动。

（根据2018年11月2日在陆家嘴读书会的讲演整理补充）

谈谈“成于乐”

众所周知，中国传统文化常常被人叫作“礼乐文化”。“文化”一词来自《易经》“观乎人文，以化成天下”之句。[1]中国人对文化的理解最简单地说，就是以人文教养来培养人的高尚人格和精神品性。所谓“礼乐文化”，也就是明确表明，在这种以培养人格、造就文明社会为目的的文化中，礼乐起着核心的与基本的作用。“礼乐造士”的传统，就是这种文化的具体体现，而孔子“兴于《诗》，立于礼，成于乐”[2]的教导，则表达了士君子人格养成的三个阶段或三个必由的途径。

虽然孔子这里将诗、礼、乐三者分开来讲，其实这三者在古代往往是结合在一起的。诗是要吟唱的，而礼则将诗、音乐、舞蹈熔于一炉；乐则本身就是礼的一部分，而又往往和诗不可分。尽管如此，这三者仍然还是有区别的，就对人的教化作用而言，乐显然更为细腻、深入和全面，它无孔不入，无时不在，故人格之完成必在乐，这点《乐记》说得很清楚：“君子之于乐，以暇豫之时养和平之气，所

① 《易·贲卦·彖传》。

② 孔丘：《论语·泰伯第八》。

以防间断之弊，密涵养之功也。此成之所以得于乐也。”

孔子本人对于音乐极度重视，他既对音乐有很高的鉴赏能力，又有出众的音乐才能，这在《论语》和其他古籍中都有不少记录。《史记·孔子世家》说：“孔子学鼓琴师襄子，十日不进。师襄子曰，可以益矣。孔子曰，丘已习其曲矣，未得其数也。有间曰，已习其数，可以益矣。孔子曰，丘未得其志也。有间曰，已习其志，可以益矣。孔子曰，丘未得其为人也。有间，有所穆然深思焉，有所怡然高望而远志焉。曰，丘得其为人，黯然而黑，几然而长，眼如望羊，如王四国，非文王其谁能为此也。”从这段记载可以看出，孔子对于音乐绝不满足于技术方面，而是追求音乐所表现的精神内容和人格志向。孔子也将自己的人格精神融入他的音乐活动中：“子击磬于卫，有荷蒉而过门者曰：有心哉，击磬乎！”[①]（《论语·宪问》）孔子喜欢唱歌，听到别人唱得动听，孔子会要求唱者重唱一遍，自己随之加入合唱行列：“子与人歌而善，必使反之，而后和之。”[②]

孔子以诗书礼乐教人，本身有极高的音乐修养。《论语》中记载了他许多关于音乐的言论，如：“子在齐闻韶，三月不知肉味，曰：不图为乐之至于斯也。”[③]“子

---

① 孔丘：《论语·宪问第十四》。

② 孔丘：《论语·述而第七》。

③ 同上。

曰：关雎乐而不淫，哀而不伤。”[①]“子语鲁太师乐曰：乐其可知也。始作，翕如也。从之，纯如也，皦如也，绎如也，以成。”[②]“子曰：师挚之始，关雎之乱，洋洋乎盈耳哉。”[③]孔子不仅欣赏和演奏音乐，而且对音乐做了一番重要的整理工作，他说：“吾自卫返鲁，然后乐正，雅颂各得其所。”[④]《史记·孔子世家》说：“三百五篇，孔子皆弦歌之，以求合韶、武、雅、颂之音，礼乐自此可以得而述。”这是使诗与乐得到了它们原有的配合、统一。

音乐可说是人类的普遍现象，我们甚至可以说，有人的地方就有音乐。但是，像我们古人那样重视音乐的，可以说是绝无仅有。虽然音乐在希腊人的生活中占有重要的地位：“古希腊城邦的近乎完美性同其受到良好监督的音乐教育一道继续发展，并被认为是其人民素养的一个关键标志。”[⑤]“在柏拉图的时代，音乐甚至是形成和调节道德、制度的重要因素。”[⑥]但是，一般认为代表希腊艺术最高成就的是悲剧和雕塑，尤其是希腊悲剧，被认为和哲学一样，是希腊精神的完美体现。尽管“毕达哥拉斯和

---

① 孔丘：《论语·八佾第三》。

② 同上。

③ 孔丘：《论语·泰伯第八》。

④ 孔丘：《论语·子罕第九》。

⑤ ［美］耶胡迪·梅纽因、柯蒂斯·W.戴维斯：《人类的音乐》，冷杉译，人民文学出版社，2003年，第39页。

⑥ ［英］杰拉尔德·亚伯拉罕：《简明牛津音乐史》，顾犇译，上海音乐出版社，1999年，第27页。

柏拉图把音乐当作神圣宇宙的和谐，或者甚至当作了最完美的哲学形式”[①]，但音乐无论如何也不是他们哲学思考的核心。到了后来，西方思想家最多承认音乐净化人心的道德力量，除了叔本华等少数人之外，基本上都认为音乐是人类主观情感的表达，音乐就是音乐，与宇宙人生没有什么关系。正因为如此，音乐的路越走越窄，以至于有人说：“如果我们把音乐美学狭义地界定为对音乐的系统的哲学考察，可以公平地说它现在正处于弥留之际。”[②]

当今世界，西方音乐的确最为发达。但在西方文化中，音乐与其他艺术门类相比，发达得较迟。西方音乐史著作文艺复兴之前的描述往往一笔带过，篇幅很少，希腊音乐失传应该是原因之一。即使在文艺复兴时期，音乐与雕塑、绘画、建筑、文学等艺术相比，也微不足道。普契尼曾说：“和各种艺术相比，音乐艺术只不过是举步维艰、摇摆不定的小孩罢了。”[③]而中国则不然，中国古代在一般制度尚未完备的情况下，音乐就已受到极大的重视。音乐在中国几乎与文明同时出现；而且被古人视为华夏文明和教化的核心因素。

根据古书记载，黄帝使伶伦斩竹作笛；颛顼好风声，

---

① ［意］恩里科·福比尼：《西方音乐美学史》，修子建译，湖南文艺出版社，2005年，第3页。

② 同上，第423页。

③ 转引自江文也：《孔子的乐论》，华东师范大学出版社，2008年，第3页。

“乃令飞龙作效八风之音，命之曰《承云》”[1]。舜帝曾弹五弦之琴，歌南风之诗。歌词只有两句：“南风之熏兮，可以解吾民之愠兮。南风之时兮，可以阜吾民之财兮。”[2]曲调也只有五音，听起来非常庄严。《周礼·春官》上记载：“钥章，掌土鼓、豳钥。中春，昼击土鼓。吹豳诗，以逆暑。中秋夜迎寒，亦如之。凡国祈年于田祖，吹《豳雅》，击土鼓以乐田畯。国祭蜡，则吹《豳颂》，击土鼓以息老物。”这一章说的是古代人生活与音乐的关系：在仲春的白天，人们敲打土鼓，吹奏豳诗，用这种方法迎接夏天的到来。到了仲秋夜晚，他们也利用同样的方式迎接冬天。这种做法显然与阴阳的观念有关，人们认为夏季暑气属阳，所以祭祀在白天举行；冬季寒气属阴，所以仪式在夜间举行。此外，向田祖（农事之神，神农氏）祈求丰年，也要吹奏豳雅，伴奏土鼓，以娱乐教导农业的始祖。十二月蚕祭之时，祭者要吹奏《豳颂》，敲击同样的土鼓，以息田夫万物。

音乐虽然起于民间，却盛于朝堂，《庄子》书上说：“黄帝张咸池之乐于洞庭之野，……奏以阴阳之和，烛以日月之明。”[3]如果说这可能还是传说的话，那么《礼记·明堂位篇》中“升歌《清庙》，下管《象》。朱干

① 《吕氏春秋·古乐》。

② 《尸子·绰子》。

③ 《庄子·天运》。

玉戚，冕而舞《大武》；皮弁素积，裼而舞《大夏》”的描写，就很可能是事实了。《礼记·明堂位篇》这段话描写的就是朝堂上歌舞的盛况：乐工登上庙堂，歌咏《周颂》。堂下罗列管乐器，吹奏《象》曲。国君左手持朱红的盾牌，右手执玉饰的大斧，穿上天子穿的衮冕，跳着象征武王伐纣的《大武》之舞。还有人头戴皮弁，身穿丝制素衣，露出上身，大跳象征文治功成的《大夏》舞。《周礼·大司乐》则记载了祭祀天地的音乐：“乃奏黄钟，歌大吕，舞云门，以祀天神。乃奏太簇，歌应钟，舞咸池，以祭地祇。”

正因为音乐在古代中国具有重要的地位和作用，所以在古代中国它被纳入国家体制。《尚书·舜典》上即有舜任命夔为乐官的记载。夔是中国古代有名的音乐家，据说有一次他演奏石磬，结果野兽都跑来舞蹈了。乐官的主要职责是教育和教化。《周礼·大司乐》也有这样的说法：“大司乐掌成均（“成均”意为“成调”，后来演化为指“学校”）之法，以治建国之学政，而合国之子弟焉。凡有道者有德者使教焉；死则以为乐祖，祭于瞽宗。以乐德教国子中和祗庸孝友。以乐语教国子兴道讽诵言语。以乐舞教国子舞云门、大卷、大咸、大磬、大夏、大濩、大武……”这足以证明，中国人对乐的重视和乐在中国的发达是由于人们首先看到了它的教化功能。

由于乐教重要，涉及面广，所以当时主管音乐的官职十分繁杂，据《周礼》说法，共有如下19种官职：乐师、大胥、小胥、大师、小师、瞽蒙、视瞭、典同、磬师、钟师、笙师、镈师、韎师、旄人、钥师、钥章、鞮鞻（dī lóu）氏、典庸器、司干。《周礼》对此19种官职的职能都有详细描述：“乐师掌国学之政，以教国子小舞……教乐仪。大胥，掌学士之版，以待致诸子。小胥，掌学士之征令而比之……大师，掌六律六同，以合阴阳之声……教六诗……执同律以听军声而诏吉凶。小师，掌教鼓鼗、柷、敔、埙、箫、管、弦、歌……掌六乐声音之节，与其和。瞽蒙……讽诵诗，世奠系，鼓琴瑟。视瞭，掌凡乐事，播鼗，击颂磬笙磬……磬师，掌教击磬，击编钟。钟师，掌管击钟、镈作为奏乐之节。笙师，掌教竽、笙、埙、钥、箫、篪、篴、笛、管、舂牍、应、雅。镈师，掌金奏之鼓。韎师，掌教韎乐。祭祀，则率其属而舞之。旄人，掌教舞散乐、舞夷乐。钥师，掌教国子舞羽钥。钥章，掌土鼓豳钥。鞮鞻氏，掌四夷之乐，与其声歌。典庸器，掌藏乐器庸器。司干，掌舞器。”从这些繁复的官职及其各自职能我们不难想见，当时音乐活动的规模有多庞大和复杂。不仅如此，我们从中也可以了解到，当时的乐制无所不包，它包含了教育、阴阳之声、军声、六诗、舞，等等。

音乐之所以在中华文明一开始就受到我们祖先如此重视，当然不是偶然的。

乐之所以在中国古代从一开始就成为教化的核心，当然首先与它自身的特点有关。舜已看到音乐的基本特征：“诗言志，歌永言，声依永，律和声；八音克谐，无相夺伦；神人以和。"[①]正因为音乐有这样和谐美好的特征，所以古人相信，受了音乐的熏陶之后，人就会变得纯洁高尚。《乐记》上说先王之所以立乐，是要"不使放心邪气得接焉"[②]。朱熹在《四书集注》中解释"成于乐"也是认为："乐有五声十二律，更唱迭和，以为歌舞。八音之节，可以养人之性情，而荡涤其邪秽，消融其渣滓，故学者之终，所以至于仁精义熟而自和顺于道德者，必于此而得之，是学之成也。"[③]

此外，乐与礼其实是二而一的关系也是音乐成为教化核心的一个原因。关于乐与礼的关系，《乐记》上有这样精要的表述："乐者，天地之和也；礼者，天地之序也。和，故万物皆化；序，故群物皆别。"[④]这表明礼乐从根本上说表达的是宇宙和人类社会的各种关系和秩序的规范，它们自然对于人性和人心有调节与引导的作用："礼节民心，乐和民声。"[⑤]礼从外部来规范，乐从内感发。从外规范，就懂得约束自己；从内感发，则培养出个体的胸襟气象。"礼以道其志，乐以和其声。"[⑥]"知乐则几于礼矣！

---

① 《尚书·舜典》。

② 《乐记·乐化篇》。

③ 朱熹：《四书章句集注》，《朱子全书》，第六册，上海古籍出版社、安徽教育出版社，2002年，第133页。

④ 《乐记·乐论篇》。

⑤ 《乐记·乐本篇》。

⑥ 同上。

礼乐皆得，谓之有德。”[1]个人的教化就是社会的教化，有教养的人，才能构成一个和谐的社会。因此，个人教养与社会教化是同一件事。中国古人对音乐的重视也表现在乐在古代的六经中占有一席之地，可惜《乐经》后来失传了。

孔子之所以重视音乐，视音乐为成人之关键，还在于音乐是真善美的统一。《乐记》上说：“凡音者，生于人心者也。乐者，通伦理者也。”[2]音乐从根本上说，出于人的至诚，不诚无乐。音乐无伪：“德者情之端也。乐者德之华也。金石丝竹，乐之器也。诗言其志也；歌咏其声也；舞动其容也。三者本于心然后乐气从之。是故情深而文明，气盛而化神；和顺积中，而英华发外，唯乐不可以为伪。”[3]也因此，音乐最能反映世界的真相：“是故治世之音安以乐，其政和；乱世之音怨以怒，其政乖；亡国之音哀以思，其民困。”[4]

古人并不否认音乐有娱乐的功能，但他们更多地是把音乐视为一种促进个人成德与社会和谐的创制。乐之德在和。《白虎通·礼乐篇》引孔子的话说：“子曰：乐在宗庙之中，上下同听之，则莫不和敬。族长乡里之中，长幼同听之，则莫不和顺。在闺门之内，父子兄弟同听之，则

---

① 《乐记·乐本篇》。

② 同上。

③ 《乐记·乐象篇》。

④ 《乐记·乐本篇》。

莫不和亲。故乐者所以崇和顺，比物饰节。节文奏合以成文，所以合父子君臣，附亲万民也。是先王立乐之意。”当然，这只是儒家对乐之精神的一种主观的理想化的阐释，但乐本身的确有感人的特征，儒家认为可以利用音乐的这种特征来教化人心，移风易俗，“其感人深，其移风易俗。故先王导之以礼乐而民和睦”[①]。当然，乐要能移风易俗，还得本身不是靡靡之音，而是正声。

移风易俗，自然是“通伦理者也”，乐因此与善有关。唐代薛易简在《琴诀》中说：“琴之为乐，可以观风教，可以摄心魄，可以辨喜怒，可以悦情思，可以静神虑，可以壮胆勇，可以绝尘俗，可以格鬼神，此琴之为善者也。”[②]

音乐之美就更没有问题，《左传·襄公二十九年》记载吴公子季札观周乐，听了不少乐，不断发出“美哉”“美哉”的赞叹。“尽善尽美”这个成语出于孔子对韶乐的感受。相传韶乐是舜帝命夔制定的朝廷音乐：“帝舜有虞氏元年，帝即位居冀，作大韶之乐。”[③]它包含九个乐章，演奏时天子诸侯会聚一堂，堂上石磬、琴瑟合奏，配以歌声；堂下并列笛、鼓、笙钟等等。击柷表示乐曲开始；镲敔表示乐曲终了。笙的形状如鸟，钟的装饰如

---

① 《荀子·天论》。

② 薛易简：《琴诀》，《中国音乐美学史资料注译》，蔡仲德注译，人民音乐出版社，2004年，第555页。

③ 《竹书纪年·五帝纪》。

兽，这就表明禽兽仿佛也来参与了。最后据说连凤凰都会飞来，一起共舞。韶乐带来的就是这样美好的场面。

古人主张寓教于乐，但不是说教，而是通过润物细无声般的潜移默化来化人。古代乐曲中最为尊贵的琴（嵇康曾说“众器之中，琴德最优”[①]）的制作，就以绝美的形式体现了中国人的宇宙观、哲学和价值理想。桓谭在他的《新论·琴道》中说：“昔神农氏继宓羲而王天下，上观法于天，下取法于地，近取诸身，远取诸物，于是削桐为琴，绳丝为弦，以通神明之德，合天地之和焉。”琴身是削峄阳之桐制成，它使用的弦取之于压桑，按位镂之以丽水之金；弦卷据说是用昆山之玉制造的。琴的形状虽然是成于某人之手，但它的声音却被说成是太古之音。它的长度是三尺六寸六分，象征一年三百六十六日；广六寸，象征六合；弦五音，象征五行；腰中四寸，象征四时。上圆而廉，象天之圆，下方而平，乃取象于地。按位十三，乃意指一年十二个月，再加上闰月之谓。琴整体的造型被视为法象于凤凰。凤凰是南方的灵鸟，传说它是音乐之神。至于弹琴的左右五指，则被视为象征日、月、风、云、山、水等等。再说制琴的桐材吧！它自身就含阴阳。它长期被太阳照射的一面为阳，日荫处为阴。据说将桐材置于水上，则浮上水面者为阳面，沉入水中者为阴面。君子应

① 嵇康：《琴赋》，《嵇康集校注》，戴明扬校注，中华书局，2015年，第126页。

该通过乐器，深究其中的微旨奥义。[①]

琴在中国古代文化中是君子的象征。桓谭写道：“琴之言禁也。君子守以自禁也。大声不震哗而流漫，细声不湮灭而不闻。八音广博，琴德最优。古者圣贤玩琴以养心。夫遭遇异时，穷则独善其身，而不失其操，故谓之操。操以鸿雁之音。达则兼善天下，无不通畅，故谓之畅。”琴的审美功能是“御邪僻，防心淫，以修身理性，反其天真也”[②]。

乐教或成于乐对音乐的实践者（演奏者和欣赏者）都有德性的要求。拿琴来说，鼓琴者必须超然物外，“无丝竹之乱耳，无案牍之劳形”（刘禹锡：《陋室铭》），“入耳淡五味，惬心潜有情。自弄还自罢，亦不要人听”[③]，才能沉浸于行云流水般的天籁之中。演奏者和欣赏者都应该追求“味外之旨、韵外之致、弦外之音”，“但识琴中趣，何劳弦上音”[④]。“伯牙善鼓琴，钟子期善听。伯牙古琴，志在高山，钟子期曰：‘善哉！峨峨兮若泰山。’志在流水，钟子期曰：‘善哉，洋洋兮若江河！’”[⑤]音

---

① 见江文也：《孔子的乐论》，华东师范大学出版社，2008年，第81—82页。

② 蔡邕：《琴操·序首》，《中国音乐美学史资料注译》，第389页。

③ 白居易：《夜琴》，《白居易集》，第一册，中华书局，1979年，第145页。

④ 房玄龄等：《晋书·陶潜传》。

⑤ 《列子·汤问》。

乐的最高境界是使人物我为一，与宇宙万物融为一体。

现代某些所谓乐迷对用各种高科技设备获得声音的细微差别津津乐道，而我们古人却把“无声之乐”作为最高的追求。“圣人之作乐，将以顺天地之体，成万物之性”（阮籍《乐论》），其中当然包括成德成人。比起某些音调、乐音来说，当然自我灵魂的提升和纯净远为重要。古人听乐也不是斤斤计较于某个音是高是低，是快是慢。“客心洗流水，余响入霜钟”，这是李白《听蜀僧濬弹琴》诗中的名句，可见古人听乐在意的是内心的熏陶与涤荡，是人格的完善，而非纯粹音响。

俱往矣，今天似乎很少有人会在意“成于乐”。乐的主要功能是娱乐，甚至是商业，而不是教化。人们普遍接受了真善美并非一事的错误看法，认为美无关是非善恶，却可以和利益多寡相连。蔡元培当年大力提倡以美育代宗教，是明确看到了审美的教化功能。但后来在现代的教育体制中，审美教育却日益缺失。这就使得我们的教育失去了一个非常重要的内容领域和实施途径。没有受过审美教育的学生，其思想眼界、人生境界、人格修养上会有程度不等的损失。而对于古人来说，未受礼乐熏陶者就是野人（野蛮之人）和小人。君子人格必是礼乐教化的造就，而非片面追求知识技能所致，“行有余力，则以学文”[①]，就把先后次序和轻重缓急说得很清楚了。

① 孔丘：《论语·学而第一》。

其实，我们对“成于乐”的理解还可以更进一步，把“成于乐”之“乐”理解为审美教育。审美教育不但有助于高尚人格（君子人格）的养成，而且也有助于人的精神能力的全面发展。我们今天的教育过多地注重知性的发展，而基本忽略了对学生感受性和创造力的培养。这样出来的学生充其量是个亦步亦趋的人，而不可能是创造性人才。满足于接受流行的对世界与人生的理解，对世界和人生缺乏自己的理解和感受。只会模仿，不会独创。北大考试院院长说他在提前招生面试时，请学生反问考官问题，竟然无人能问，就说明这种情况严重到了何等地步。

审美教育缺席的一个严重后果是，学生智商得到发展而情商却未能开发，使得许多人言语乏味，举止呆板。感性与理性两个方面失衡，最终是人格发展失衡。审美教育首先培养我们对世界的感受性，席勒在《审美教育书简》中说：“感受性越是得到多方面的培育，它越是灵活，给现象提供的面越多，人也就越能把握世界，越能在他自身内发展天禀；人格越是有力和深沉，理性获得的自由越多，人也就越能理解世界，越能在他自身之外创造形式。”[①]音乐由于其多样化的表现手段和丰富的蕴含，特别能够培养人的感受性。“不图为乐之至于斯也”[②]，是

---

① ［德］席勒：《席勒经典美学文论》，范大灿等译，生活·读书·新知三联书店，2015年，第274页。

② 孔丘：《论语·述而第七》。

孔子在听了韶乐后发出的由衷的感叹，是说没想到乐能将我们带到从前根本无法想象的地方。通过音乐我们可以突破寻常思维的逻辑，重新发现我们自己和世界。乐让我们的世界变得更美好，让我们的人格无限丰满，让我们的想象充沛而有活力。

古代的乐教主要着眼于感化人心陶冶品格，因为乐具有成德成人之功。但乐教也可以不仅仅停留在德育上，它也可以开拓我们的心智和思路，有其他事物无法取代的作用。创造性思维在于突破知性思维的陈规和逻辑，充分发挥人的想象力，调动人的一切德性和能力。司马迁在《史记》中对此已有开创性的论述："音乐者，所以动荡血脉、通流精神而和正心也。故宫动脾而和正圣，商动肺而和正义，角动肝而和正仁，徵动心而和正礼，羽动肾而和正智。"[①]音乐沟通联结人心和人身、价值和德性，它是我们通向世界的一条特殊通道。它给我们提供理性和感性其他表现形式无法提供的感受和洞见。

（根据2019年3月19日在上海音乐学院的讲演整理补充）

① 司马迁：《史记·乐书》。

何谓哲学：与研一新生谈心

我们同学到上海来读书，要不要吃饭？要不要找工作？要不要安家立业？当然要，都是绝对合理的。可是请问这些东西是不是代表了你生命的全部？如果不是，那么在你的人生当中如何给更重要的那块东西留下安置的地方？留在哪里？

我对哲学之所以有持续的热情和忠诚，并且从来没有后悔过，是因为它给予我太多，让我明白人生的意义究竟在哪里。

哲学有两种。康德讲过哲学有两个概念，一种叫世界概念，一种叫学院概念。世界概念的哲学，康德说得很清楚，它关系到对人类整体利益的考虑、对人类命运的思考。这不是康德的原话，是我对康德的解释。这样的一种哲学，任何人都可以有，只要他愿意对人类的一些问题进行非功利的思考。还有一种哲学，是我们今天流行的哲学。康德把它叫作“学院概念的哲学”，也就是我们今天所讲的“学术工业”。这种“学术工业”通过招生制度、学位制度以及各种各样的学权制度，通过大学里种种外在的制度，还有所谓的学术圈、学术规范不断地得到加强。

最后以至于大家会说：什么叫哲学？哲学就是一拨人在那里想一些谁都不懂的稀奇古怪的问题。而哲学系的人也以此“自雄”，研究海德格尔都不算什么，如果将来有比海德格尔更深奥的人，我可能要做出一个更深的东西。

什么是真正的哲学家

实话实说，哲学系的同学现在最大的问题就在于，大部分同学根本就没有进入哲学的境界里来。我跟一个同学私下谈话的时候说，我年轻的时候还没有“学院工业”，自己在生产队的牲口棚里读书，没有书本之外的人能够影响我。我面对的就是黑格尔、卢梭、马克思这些伟大的人物，他们教会我什么是哲学，哲学研究者应当具有怎样的胸怀。那时候也没有那么多的二手著作，所以等到我进入大学、进入学术圈以后，对二手著作形成了天然的免疫力。黑格尔的原典和研究黑格尔著作的作品有着天壤之别，前者可以带给你震撼、感动、激励、要求，后者则完全不可能有这样的效果。

但是现在的学生也没有办法，因为整个高校的学术教育就是这样设置的，哲学系有三门主干课——马哲史、西哲史、中哲史。这个“史”是由什么组成的？不是原著，是教科书。它告诉你重点难点在哪里，康德有几个主要观点，黑格尔有几个主要观点，基本上是中学的教学方式。研究生中还有相当一部分人是非哲学系转来的，可是他的考研经历也已经在暗示他哲学是怎么回事——哲学就是要把很多客观的东西背下来。于是，就有一个误解：哲学只不过就是我背下来的这些东西，最多再增加一些自己的想法。尤其是研究西方哲学的同学，更觉得哲学纯粹就是知识的掌握。比如我对福柯感兴趣，就看福柯所有的著作，然后据此写出一篇毕业论文。研究德里达是如此，研究海德格尔也是如此。

有些人侃侃而谈，黑格尔某年提出某个观点，某年他对这个观点又提出了另外的说法，再过了若干年他做了一个修正。大家就觉得这样的人有学问，是哲学家。但这样的人并不是哲学家，他只不过是掌握了许多客观知识。哲学不是知识，哲学是真理。前几年我跟研究生开玩笑说，“学哲学不要做金庸笔下的王语嫣，她对所有武术门派如数家珍，正如有些人对黑格尔的哲学概念都非常熟悉。可是王语嫣根本不会武术，那么对黑格尔的哲学概念都了如指掌也并不意味着真的理解黑格尔”。什么叫哲学？哲学是对人类最根本问题的根本思考。所以它根本就不可能是对客观知识的掌握，掌握知识的人固然值得钦佩，但他未必就称得上是一个哲学家。

哲学家必须具备以下几点特质。第一条，他要有悲天悯人的胸怀。哲学家始终在思考人类最根本的问题，而且他对人类的命运有一种感同身受的同情。所以我们无论是研究康德也好，研究陆象山也好，研究费尔巴哈也好，我们要感受到他们的问题，以及他们对那些问题灼热的思考。

第二条，哲学家要有一种对真理没有任何功利考虑的强烈热爱。很多人持这样的观点：中国人从来不会为学问而学问，中国人考虑问题从来都是很实际的。我举一个例子，这个例子让我从十八岁一直感动到现在。南宋有两个大哲学家——朱熹和张栻。“朱张会讲”是中国哲学史上的一段佳话。有一次朱熹花了一个月的时间，从福建来到湖南拜访张栻，与他讨论《中庸》之义。张栻当时是岳麓书院的山长。古代没有现代化的通信手段，也没有现代化的交通工具，可是全国的读书人口耳相传，很早就知道了某年某月某日，两位巨人要在那里讨论这个读书人都觉得非常困难的问题。许多读书人从祖国的四面八方来到湖南岳麓书院，有些人走了很长时间的路。根据当时的记载，朱熹和张栻除了吃饭、睡觉，彻夜不休，讨论了三天三夜。讲台下挤满了来听讲的人，他们的马匹把岳麓书院门前几口水塘的水都喝干了。去过岳麓书院的人都知道，门口的那两个大水塘非常大，马都能把水塘里的水喝干，可见去了多少人。从这个历史故事中，可以看出九百年前的中国人对待真理的态度。他们不会想，我听了这个能不能在上海找到工作，能不能将来送孩子出国，能不能攒够钱买一辆别克，而只是单纯地感到《中庸》之义对我很重要。

第三条，哲学家还要不断完善和修炼自己的人格。因为这个世界诱惑太大，对古人也是如此。在这样的环境下，哲学家就要时时刻刻提醒自己：人生之间何者为轻，何者为重。古人有一句话：“贤者识其大，不贤者识其小。”这是对一个人的评判，也可以拿来看待人生，我们一生中追求的东西很多，何者为大，何者为小，要有拿捏和取舍。

前不久，我参加了研究生的中期考核，感慨很多。有的同学说，“我就满足于把别人的话讲一遍，明明知道不可做我非要把它做下去”。哲学到了“做”的地步，其实已经不是哲学了。还有一位同学硕士论文研究的是一位在哲学史上无足轻重的人物，我真替他感到可惜，浪费了三年的青春年华。哲学研究的目的是通过学习、研究某位哲学家的思考使自己能够有所收获。如果你研究的是一位在哲学史上二流、三流，甚至四流的人物，能够收获到什么呢？

中国哲学是一个完整的真理体系，它是有源流的。如果采取知识论的态度，随意切割出一块，这样的方法在其他知识学科上也许可以，但哲学学科绝对不允许，这种态度根本不是研究哲学的态度。这样的话，你可以说你是一个知识家，或一个有知识的人，但不能说是一个进入中国哲学领域的人。

那问题又来了，什么是哲学？现在很流行的一种说法是，哲学就是智慧。这种解释来自sophia。其实这个词除了“智慧”还有其他的解释。philosophy也不是只有“爱知识”一种解释。这个定义最大的问题是没有规定性。第一，它没有规定什么叫“智慧”。第二，也没有规定什么叫“爱”，是在什么意义上的“爱”。学习历史难道不是爱智慧吗？历史是未来之学，尤其是我们中国人的历史观，强调从历史当中得到教训。所以这种解释不能作为一个重要学科的定义。

我对哲学的定义很简单——对人类最根本问题的根本思考。人与其他动物相比，突出的一个特征就是人有问题意识。人类的问题，用时间来划分的话可以分为三大类。第一类，当下的问题。苏东坡有一句话叫“人生识字忧患始”，我改一改——“人生下来问题始”。任何人，从哲学家、教授、科学家到普通人，一生下来就开始有问题了。当下的问题最简单，它的特点是立刻就要拿出一个非常确定的解决方案来。比方说晚饭以后去哪，不可能说再容我想一想，再想一想就想到晚上十一点了。

第二类，中期的问题。中期的问题和第一类问题的区别是，它不需要立刻拿出答案来。但是最终还是要拿出一个明确的答案。比方说硕士读完了以后读不读博士，毕业以后留在上海还是出国，还是回家乡找工作，这个问题不需要现在回答，但是终究要拿一个说法出来。

还有一类问题就是我讲的根本问题。这一类问题为什么把它叫作“根本问题”？因为它跟我们如影随形，从我们来到这个世界上，直到我们离开这个世界之前，都永远跟着我们。这类问题不可能像当下的问题和中期的问题一样，有一个明确的说法，它永远不可能有个最终的说法。你只要生而为人，就会思考这些问题。

那么请问，这些问题是哪些问题呢？这些问题和我们人类存在的基本条件和基本维度是有关系的。我们人类存在基本是三个维度——人与世界的关系，人与人的关系，我与我的关系。所有人类复杂的关系不出这三个维度。人与世界的关系产生了所谓的——在哲学分支上来讲的话——存在论、认识论、自然哲学。人与人的关系，在哲学分支上来讲产生了伦理学、政治哲学、道德哲学。我我关系产生了心灵哲学，当然绝不仅仅是心灵哲学，还有我们中国哲学讲的功夫论、修养论、人生哲学，用西方语言来讲，就是生命哲学。基本上所有哲学外在的门类，哪怕即使是逻辑哲学、科学哲学，它实际上也可以归到这三个维度上去。

从哲学现有的分支机构你就可以看到，哲学的问题不出对这些问题的思考，但是这个思考是一个根本的思考。为什么叫“根本的思考”？因为哲学家知道这些问题不可能有最终的答案。就像哈姆雷特的问题“存在还是不存在”，不可能会说“存在”或者“不存在”，不可能两个答案都对或都不对，没有那么简单。巴门尼德的问题“为什么存在‘有’而不是‘无’”，哲学家知道没有最终的答案。

以我和一个研究生私下谈话的内容为例，这位女同学就说了："我知道研究哲学是很困难的，那我研究政治总容易一点了吧？"在一般人看来，政治是对当下问题的解决，考虑哪一种制度好、利益如何分配、权利如何得到保障，这是现在流行的对政治的看法。现在的政治哲学家越来越和政治理论家合流，所以我看到很多很多的对政治哲学家的批评也在这里。西方很多同情施密特的学者忘不了提一句："施密特的批判性可以，可是他拿不出一个替代方案来。"

印度学者查特吉谈到过甘地和泰戈尔的分歧。两个人一开始很好，惺惺相惜，我们一般的人也认为他们是用印度传统的东西来反对殖民主义和帝国主义。实际上，泰戈尔很快就凭他做诗人的敏感看出来了，甘地追随的实际上也是现代性。他说："什么时候绝食、什么时候发动群众、什么时候上街游行、什么时候撤退，都是经过精密的工具理性的考量和计算，你这是'以燕伐燕'。你那套东西最后只不过建立起来一个现代民族国家，也属于machinery，就是现代的工具理性，把整个国家的人和力量集中为一个power，而各人的自由和兄弟情感在这样的一种组织形式下，是不可能有的。"所以两个人最后就拜拜了。

我倒是感谢查特吉让我们知道这一点，因为我原来认识的泰戈尔是写出《吉檀迦利》的泰戈尔，写出《飞鸟集》的泰戈尔，没想到还有如此深刻的一个泰戈尔。查特吉说："我还是同情甘地，总要有一套办法来对付旧制度、推翻旧制度吧？”这是现代有工具理性的人的思维方式，哪个地方出毛病了就把它治好，这样的想法合理不合理？现在的人都认为很合理。可是我们回过头来看哲学家如何讨论这个问题。对哲学家来说，什么叫政治？政治是人类存在的基本方式。所以阿伦特在《人的条件》中讲得很对，这本书其实不能翻译成《人的状况》，人类的条件就是人存在的基本条件，一个基本条件就是人的“复数性”，也就是说这世界上除了我以外，还有其他人。

前些年上《论语》课的时候，我讲到，我对现在学校里以分数论英雄、谁绩点最高谁就得一等奖学金，是有看法的。大学里要给同学们灌输的是友爱、互助，竞争只具有相对的意义，不能把竞争强调得太厉害。课还没上完，中间休息的时候学生拉住我了，说：“张老师，你说的话不对。比方说我和我的同班同学一起去竞争一个职位，录取了他我就没有了，我当然要竞争。”很多同学觉得竞争是天经地义，只不过现在碍于张老师的声势，不敢提出异议。所以我还是觉得一年级的同学可爱，童言无忌，当然他也不是“童”啦。他想什么就讲什么，讲了以后就可以把问题说清楚，他说：“张老师，我讲得对不对？”我说：“你讲得对。”竞争这件事情没有错，如果说我们两个必须要分这一块蛋糕的话，别人多吃一块我就必然要少吃一块。可是我说，世界上有大道理和小道理，小道理要归成大道理，大道理要管着小道理。他说：“什么叫大道理？什么叫小道理？”我想小道理就是说，它也不是说错，但是它的有效范围有限；大道理就是说它永远是正确的，它是小道理得以有效的基本条件。他说："那么什么叫大道理？"

我想先不跟他讲抽象的，我跟他讲："我们这样来想，假定说，突然一下子地球上所有的人都死光了，就剩你一个人，地球上所有的宝贝都归你了。有没有意义？"他说："没有意义。"我说："为什么没有意义？"他说："因为没有他人，我也活不下去。"我说："对，这就是大道理。我们来到这个世界上，要拜托两个不是我们的人，就是'他、她'。我们从父母身体里面出来，长到这么大，无数的'他者'才能让我们平平安安、健健康康地活到现在。"你们承认不承认？

这就是儒家所讲的"人的社会性"，这就是汉娜·阿伦特所讲的人的"复数性"，这是人类的基本条件。汉娜·阿伦特说："世界上有了我和你，只要有两个人就有政治了。"她讲得有点云山雾罩，说两个人摊开了一个空间，从此以后，要强调"对话"。为什么会有政治？没有为什么，因为我们人类就是这样存在的，这样的一种存在方式——和别人一起活着，这是人类的基本存在条件。所以，对于政治，哲学家考虑的不是说哪种制度好，哪种制度坏，这种考虑是知性的思维方式的考虑。思维肤浅的人马上就会跳出来了："张汝伦这个人他一定是连亚里士多德都没读过，连《伦理学》《政治学》都没有读过，亚里士多德不就是在分析哪种制度好吗？"你错了，这是在现代性思维方式形成以后去倒读亚里士多德的主张。亚里士多德是从存在开始谈问题的，他是要告诉你，任何一种制度必须从我们人类基本的存在以及存在本身的路径出发。

人类为什么要存在

“我们人类为什么要存在”这个问题，知性的头脑是不会问的。比方我要问大家，你们现在为什么而活着？有同学说：“我要在上海找到工作，娶个老婆。”我相信会有这样的同学：“我为真理活着。”别人一定会说：“这小子最虚伪！他不可能为真理活着。”你怎么知道人家不可能啊？你怎么知道人家都跟你一样啊？现在这个社会就是，你只要表现出一点点超凡脱俗，大家就用口水把你淹死。然后彼此彼此，我们都是小人，谁也别当什么“大师”，我们大家都“不是个东西”。不能这样想问题啊！毕竟我们九百年前还有很多人骑着马走了很长时间的路去听对《中庸》之义的讨论，这样的事实在历史上发生过，证明有无数人的人生理想跟我们不一样。这不是神话，这是事实！

哲学家会说，我们考虑政治，不是考虑哪一种制度特别好，什么权利能够得到保障。不是。一句话：是对政治的哲学思考，人类的政治困境是如何从它存在的基本条件中产生的；而不是要解决具体产生的政治问题。所以九百年前的朱子，真的是要比我们现在的很多政治哲学家深刻得多。《朱子语类》里讲到“治道”，在《论治道》里面就讲过这样一段话：没有一种十全十美的制度，所有的制度都是有利有弊，而且“有法弊，有时弊”。法弊指的是制度本身产生的弊病，容易去掉；时弊指的是由人产生的弊病。他认为要去掉一个坏制度是举手之劳。王安石当年搞变法，一夜之间把当时的很多弊法去掉，推出了一些很好的制度设计。可是怎么样？没多久搞得天怒人怨。不是这些制度不好，而是操作这些制度的人有问题。所以说法弊容易去，时弊不容易去。因此朱熹并不认为，用工具理性推演来实现制度，政治的问题就都可以解决了。恰恰相反，他认为，政治的困难和难点不在于制度，而在于政治得以产生的人的特殊的存在状态。因此问题要从人上来考虑，不能从制度上来考虑。这就是哲学家对政治问题的思考。而当时的浅薄之人会说：招兵制度不好，后勤供应制度不好。应该募兵制啊，应该屯垦制啊，还应该就地取军饷啊，都是技术性地来考虑这个问题，与朱子根本不在一个层面上。近代有没有类似朱熹的大哲学家呢？当然有，卢梭、康德、黑格尔，都是这种级别、这种层面上的哲学家。他们在这些问题上的思考对于我们后人永远有启发。

什么是哲学家的问题

下面一个我想谈的问题是，研究哲学也好，学习哲学也好，首先要掌握的，我认为还不是哲学家的某个观点，而是哲学家的问题。无论我们研究马克思，研究普列汉诺夫，研究康德，研究奥古斯丁，研究孔子、荀子，或者管子，最重要的是找到他的问题，而且他们的问题永远是最普通最普遍的问题，是超时代的问题。我们今天为什么会说柏拉图、孔子、老子对我们有魅力，因为他们的问题并没有过时。他们的问题不仅仅属于过去，而且属于现在和将来。十几年以前，我在哲学系第一次开《精神现象学》课程的时候，很多同学在我的信箱里塞满了抗议的纸条。他们说，你是搞现代西方哲学的，你是海德格尔专家，你回国以后没有给我们开过海德格尔的课，却要开黑格尔这种过时人物的课，有什么意思？等一个学期上下来，很多同学说，希望张老师把这个课继续上下去，因为一个学期的课讲不了太多。加上了一个学期以后，我同样收到一大把纸条，这些纸条上说的意思居然差不多，一句话：“张老师，上了你的课才明白：黑格尔是我们同时代的人。也就是说黑格尔没有过时。”中国哲学方向的一个女生，本来要做王阳明研究的，后来她跟导师提出：“我论文改了，要做黑格尔。”我们现在的研究是有点乱，学习马克思主义哲学的同学论文做海德格尔研究的也大有人在。他的导师同意了：“好，那黑格尔就黑格尔吧。”但是我不太赞成。这说明她还没有懂王阳明的问题和黑格尔的问题未见得就不是一个问题。你做王阳明未见得就不能够进入哲学，达到黑格尔的那种境界。其实，所有的这些巨人就是一个梯子，普度我们到哲学的真理世界和极乐世界。因为哲学带给你的欢乐是难以想象的。你掌握再多的身外之物，名誉啊、钱财啊、权力啊，我觉得都不如对真理洞察和把握的快乐，那种快乐是真正的快乐。

好，所以我就说这些人的问题其实都是今天的问题。一般的同学会说，康德其书的形式就会让我们大家感到康德是一个非常技术性的哲学家。所以我上来花大量的时间让我们的同学明白，康德的问题在哪里。康德的问题始终还是我们今天的问题。人类发展到现在，发展到我们这个时代，一切都要说出一个道理来，要有一个章法，要有规矩，一句话：所有东西都要让工具理性说了算。一切人类其他的知性能力、想象力，甚至于幻想，都退居其次。也就是说人类只剩下一种能力，就事论事解决问题的能力，至于将来的问题不用去想。这种知性的思维能力的确会帮我们解决很多问题，但是有几个基本的问题它解决不了，例如人为什么要活着？世界有什么意义？我是谁？通过逻辑、通过分析、通过论证，对这些问题根本使不上劲。

严复对现代文明有一个苛刻的判断，认为现代文明是“趋利杀人，寡廉鲜耻”。人对很多非常崇高的精神的追求，对美的向往，一概没有了。现在只会问：“有没有用？你追求那个有用吗？”我们同学现在也是这样的，选择导师首先要搞清楚：第一，他搞的东西是不是我很容易掌握的；第二，他的人脉怎么样，将来能不能给我找到工作。很多同学有这样的小九九在里面。

卢梭讲了，当然他有点极端，他讲：科技工艺这些东西都是人类的堕落，它使我们忘掉了一个东西——人的生命的意义，人的生命的价值。康德接过卢梭的想法，认为现在人类要搞清楚的一个问题就是理性可以做什么？理性不能做什么？如果理性有不能做的东西怎么办，我们拜托谁来做？我们剩下的那块空白，应该如何来填补？靠什么来填补？这是康德的问题，恐怕也是我们所有同学的问题。我们同学到上海来读书，要不要吃饭？要不要找工作？要不要安家立业？当然要，都是绝对合理的。可是请问这些东西是不是代表了你生命的全部？如果不是，那么在你的人生当中如何给更重要的那块东西留下安置的地方？留在哪里？另外，当我们对自己的人生进行拿捏的时候，是否考虑过工具理性这个尺度应该收一收？这些问题是古代的问题，是康德的问题，其实也是我们当代的问题。

有一个教授说：“什么样的政治是好的？有用的东西就是好政治。”我后来想，这个不能用argue的方式来谈论，我就说：“我们中国两千五百年以前有两个傻瓜，一个叫孔子，一个叫孟子。他们生活的时代，工具理性的要求比我们这个时代还要严苛。因为他们那个时代就相信一个东西——不是我把你干掉，就是你把我干掉。当时整个中国人的存在状态就是被这样一个谁干掉谁、谁吃掉谁的逻辑给支配着。却有两个傻瓜，能够提出‘以大事小’，能够提出‘善战者服上刑’。他们也知道霸者必有大国，可是他们不想要大国。当时也有聪明人，法家就相信现在所说的machinery，用一切知性所能想到的手段、技巧、方法和策略，把整个国家的力量动员起来，劲往一处使，力往一处用，成功了。可是最后却是那两个傻瓜征服了我们民族的心。”

对于康德提出的工具理性问题，我不愿用价值理性去评判，我愿意用存在理性去解读。工具理性的界限在哪？有没有局限？这个问题并不是现代才产生的。孔子的时代是在公元前5世纪，黑格尔提出现代性的起源在公元前5世纪，拿到我们中国来，孔子的时代倒也是中国现代性的起源。如果中国自己的传统里面没有这个东西的话，它对现代性不会接受得这么死心塌地，而且表现得那样出色和淋漓尽致。

再来看黑格尔。黑格尔说他年轻的时候就发现现代性的根本问题是二分——统一的世界变成两个世界，人也变成两个人，都是精神和肉体分开，主体和客体分开，个人和国家分开。如何恢复人类原始的统一，这个问题也不是现代的问题，古代也有这样的一个问题。包括朱子提出的人格和制度的问题，这些问题永远存在。这不是搞几个读书小组，大家一起讨论讨论就能明白的问题，你必须要明白它的问题在哪里，去研究它，你才能够真正掌握它、明白它的智慧在哪里，才能够不至于读偏。但是如果我们对哲学采取的是知识论的立场、知识的态度，我们不可能掌握这些问题，我们掌握的只是某某人说了哪些话，某某人写过哪些书，如此而已。那不是哲学，充其量是哲学教授，不是哲学家。记得当年我拜访洪谦先生，老人家跟我讲，一定要区分哲学家和哲学专家、哲学教授。这是两个完全不同的概念。

中西方哲学的根本不同在哪里

中国哲学的问题是不是人类普遍的问题？当然是，它是整个世界都会面临的问题。刚才讲的法弊和时弊的问题就不用说了。朱子的这个思想拿到政治哲学中，可以说是对西方哲学概念的一个重大补充。还有一个问题，儒家和道家在这一点上我认为是一致的，也就是说归根结底把很多的问题归结为一个人自身的问题，也就是所谓的“求其在我”。我对西方哲学最不满意的是它只注重向外看，从来不向内看。向内看，就是看我们人还有哪些地方需要完善和提高，以及如何完善和提高。西方哲学当中唯一和人有关的恐怕就是道德哲学和伦理学，可是它从来没告诉你一个人如何做好自己，它告诉你的是做好人的原则。这个没有用。儒家恰恰相反，它认为原则是有几条，你知道就行了，所有原则的具体实行是很复杂的，人具体存在的情境和处境是千变万化、不可重复的。因此如何来做好人，在具体的情境下如何来行仁行善，没有一定之规，要有“实践理性”随时做出判断和应对。

西方哲学只讲“处理”“对付”，中国人讲的是“应对”。这个“应”就是说，我的回应随着事情的特殊性有所不同，有所调整。因此中国的道德理论一般来说不会像几何理论，提出一个公理，然后大家按照公理做事。中国人有没有公理？有。但是这个公理一定要在一个个具体的配置、具体的实践当中应用，否则的话你只会说不会做，你没有践行、你没有实行的话，一点意义也没有。为什么儒、道都不愿意写大部头的理论著作？跟这个有关系。它认为最基本的道理就那么一条——仁者爱人。“仁者爱人”如何在具体的社会场景中实现？要根据我们具体的实际情况判断，这就是“经”和“权”的关系。“经”，我们必须要承认，世界上有常道，有不变的东西，但是所有的常道在我身上必须要经过具体的事情体现。比方说，我现在生活在一个功利的、强调“切蛋糕”的时代，那我如何能够既不完全做一个让自己活不下去的人，又能够不放弃自己的初衷，能够对自己追求的东西有一种忠诚和信仰。那么每个人的条件不一样，每个人的具体做法也不一样。比方说我当年住在牛棚里的时候，身边的零用钱只有十五块钱。对于现在的同学来说，恐怕你们一部手机就已经超过了我当时的全部财产了。所以说，每个人所处的情况不一样。

那么在各种具体的情况下我们如何应对事情？中国的哲学思想特别要求每一时代、每一时刻、每一件事，都不是在考验你的理论修养，而是在考验你知行合一“实践理性”的强度和你的实际智慧。中国人在讨论道德哲学时，有两个极端的例子，说明所有的天理都是要去具体执行的。这两个例子就是：舜不告而娶、武不葬而兴师。

按照我们古代的伦理，一个人娶妻一定要禀告父母，才能够结婚。没有禀告父母得到父母的同意，是不能够结婚的。今天西方上流社会还保存着这样的礼节。威廉王子向女朋友的求婚得到了女友父亲，也就是他未来老丈人的同意。因为西方的上流社会、贵族阶级还和中世纪有联系，他们不相信什么个人自由、结婚是两个人的事情，愿意在一起就在一起，不愿意就拉倒，他们还相信结婚是很神圣的事情，因为首先你来到这个世界上跟你的家庭有关，所以你不完全是你自己。

舜不告而娶，这在我们中国人看来是违背常道的。可是小道理里面有大道理。舜不告而娶，他为什么能够做出这样的一个实践判断来，因为他懂得小道理和大道理的关系，小道理要服从大道理。同样，武不葬而兴师，周文王死了以后，周武王不等把父亲葬完了（我们讲入土为安），就起兵去打商朝了，这个在中国的传统看来也是大逆不道的。可是这两件事情后来在中国，尤其是理学家在讨论道德的“经”“权”问题的时候，不断地作为经典的例子拿出来讨论，这个就是中国的道德哲学让人信服的地方。它不是告诉你一套抽象的外在的理论，然后这套理论像几何学的理论一样，让我们可以按部就班对照着做，跟着这个条目照章办事。而是说，我们每个人真正自由的责任在我们身上，我们是什么人就在实践的判断中体现出来。

我们念书的时候对西方萨特讲的“自由选择”推崇得不得了，“西方人就是好，你是一个什么人，通过你的选择表现出来”。其实儒家的“经权”，这个意思完全都有了。面对一个伦理学处境，你如何做出实际的应对和决定，你就是一个什么人。中国哲学还有一条更深刻的在什么地方？它大量使用在一个人如何来反省自身、完善自身、提高自身和期盼自身上，这是西方哲学里几乎没有的。西方哲学有一种外在的东西，比方说现在一些外国教授、专家盲目地把斯多葛学派的自我克制理论，或者说自我修养理论和中国的修身理论做比较，这是完全不对的，两者根本不是一回事情。我们现在搞哲学的人还是缺一块，他们的眼睛是向外看的，不朝内看。这样的话，我们要培养对哲学的忠诚，要培养能够战胜学院哲学的一种勇气和自觉就很难。因为只有按照学院哲学的规划做，你才能够当教授、当博导，最后一直当上去。而世界哲学的要求是，你不管当教授也好，当博导也好，当院士也好，你首先要当一个人。你对真理能够精到何种程度，跟你的修为有关系。学问的大小并不完全取决于一个人的智商。

中国哲学对于我们每一个人来说都是绝对不能没有的东西，它也不仅仅属于中国。它使我们这个民族的人特别具有一种反躬自省的自觉，我觉得这是西方哲学最大的欠缺。西方哲学会让一个人很狂妄，自以为掌握了一个伟大的哲学家的东西，就好像掌握了世界。可问题是你掌握自己了吗？当你面临很多问题的时候，你是不是能够做出一个哲学家应有的回应和决定？当你在思考很多问题的时候，你能不能有一个哲学的思考？比方说我们对现行教育有很多不满，当然浅层次的不满会有很多，课程的老化、大学的行政化等等，这是现在很多流行的意见。可是我们作为一个哲学家来说，不能这样看问题。我们思考的问题是，第一，什么是教育？第二，人为什么要有教育？你对这两个问题没有一个根本思考，你对人类的根本问题就没有根本思考。你说教育就是要满足市场，那你当然赞成现在世界各个大学的突破，房地产系、博彩系尽管开，而且你也会赞成现在世界上所有大学事实上或明或暗地在压缩基础学科，你会认为这是正常的。教育变成就是要让人找工作，教育在现代社会就是市场经济的产物，就是一个产业。

如何做到“吾道一以贯之”

哲学家不是保守的人，也不是永远沉睡在过去。恰恰相反，他在想这两个根本问题，第一，为什么要有教育？第二，什么是教育？然后他才能真正看出今天教育的弊病何在，而不是最后对所有的问题火上浇油，然后强调现在的教育跟现实脱节，因此让大学一年级的同学每个人贷款五万元，到外面去开公司，搞创业，结果大学四年根本等于“零”，什么都没学完。大学实行学分制使得同学掌握了一个诀窍：“学得好不如选得好，张汝伦的课不要选，他手太紧，给分太严。”这是一年级的同学告诉我的。师哥师姐给他们两张名单，哪些老师的课能够保证你全优，哪些老师的课要“小心地雷”，是不能去的。这就是工具理性，什么对我有利我选什么课，这是有技巧的。然后进行发散推演，何者有利？何者没有利？马上可以得出结论。求道之心一定没有。

如果你是一个哲学系的人，或者你是一个搞哲学的人，你不能支持这样一种想法。我们的同学中有没有这样的？也有这样的。有很多同学就说我不选你的课，但是我来听你的课，为什么？你的分数将来要影响我找工作的，他是这样来看问题的。我们哲学系研究生也是这样来看问题的。我选课当然要选老师比较与人为善的、大家一团和气的、差不多就算了的，那我何必选一个给我C和D的人？他是这样来考虑问题的。

一句话，我们教育的弊病在哪里？弊病在于工具理性统治了我们的整个教育，既统治了我们老师的思维，也统治了学生的思维。很简单，学生是为了得一个好成绩，老师要得到的是一个好的评估，所以我是坚决反对跟美国人学来的这一套——给老师打分。当然任何制度都有它的优点，打分可以对某些不太负责任的老师形成一种压力。可是问题是何者为大，何者为小？考虑问题不能那么简单。这里面也有大道理和小道理之分。我们现在考虑问题就是说，我只要能讲得出道理来，妥了！这个不是我们哲学思考问题的基本方式。我坦率地跟大家讲，很多同学毕业之后不一定从事哲学专业的工作，这也无可厚非。其实也没什么了不起，我向来认为真正的哲学家未必就在大学里，斯宾诺莎还不愿意到大学当教授呢。所以我认为，尤其是现在学术工业的时代，大学里是不是能够再出康德和黑格尔这样的人，是值得打问号的。但是我总觉得，我们的同学你到哲学系来，你学了哲学，这对你的人生应该是一个不错的选择。

但是问题在于你怎样才能不虚度这四年？那么我的一个建议就是，无论研究什么哲学人物或哲学问题，你一定要明白，这个人苦心孤诣奋斗一辈子，他到底在想什么？我可以坦白地告诉同学一句话，大哲学家、最顶尖的哲学家，很可能他最后的思想体系很庞大，涉猎面也很广，但基本上都是符合孔夫子讲的“吾道一以贯之”。我们讲海德格尔，大家都知道，他的哲学也是博大精深，留下的遗著就不用说了，能够编到八十多卷，涉及的面太广太广了。可是他自己也说：“我一生就讨论一个问题——存在的问题。”我们现在讲海德格尔的政治哲学、海德格尔对技术的批判、海德格尔的艺术哲学、海德格尔的语言哲学，可是他老人家认为他只讨论一个问题，这个问题直到他去世还在思考，存在问题永远是一个问题，无解！也就是说，根本问题的根本思考，无解！它只有问题没有答案。这是哲学问题的美丽所在。有的人或许会说：“没有答案的问题还值得去思考？”当你提出这样的嘲笑和讥讽的时候，你别忘了，你只不过是拿出工具理性的那一套来对付别人，来嘲笑别人。我记得有一次跟一个德国人聊天，他说：“我们德国人和美国人最不一样的地方就是——美国人会问这个问题能不能讨论，有没有结果，没有结果不要去讨论，浪费时间。我们德国人认为没有关系啊，这个问题没有结果难道就不能讨论吗？”他说这就是我们德国人和美国人最不一样的地方。说这句话的德国人现在要五六十岁了，如今德国的年轻人也开始像美国人了。

所以我们的同学不管从事哪一个哲学家的研究，你首先要弄清两个问题，第一，他的基本问题是什么？比方说中国哲学方向的研究生研究王阳明，很多人觉得又好搞又难搞，好搞是因为《传习录》看看就行了，不好搞是因为它没有像西方哲学家一样有一个三大批判，都是散的，《传习录》也都是书信、对答，怎么能够集中起来？朱子就更不用说了，《朱子语类》全是问答。表面上看都是人家问他，古书上这句话什么意思，那句话什么意思，他来回答。内容都是很琐碎的，里面有什么根本问题吗？当然有！比方说我们现在讲礼仪风俗的问题是不是他的根本问题？我想应该是。

一又是多，多中有一

柏拉图说过，哲学的问题可以归结为几个最根本的问题，其中第一个问题就是一和多的关系问题，这不就是理一分殊的问题吗？理一分殊不就是一和多的关系问题吗？所以搞西方哲学的同学一定要放下身段，不要中国人看不起中国人。朱熹的老师李侗给他讲了句很深刻的话："理一不难，难在分殊。"就是说认识万物一体，世界是一个整体，这个不难，难就难在看到一又是多，多中有一，难就难在这里。这是一个非常深刻的思想。朱子一生也没有对这个问题做出满意的解释。因为这个问题也是无解。我们考研，"理一分殊"也是经常出现的一个考题。几百个知识点把它写清楚了，可是这只是知识论的掌握，一点没有触及根本问题。老庄也是这样，他有没有根本的问题？

当然有。只不过是说要掌握这个问题的话，可能比较困难一点。但是应该把它作为主要的奋斗目标、主要的努力目标去抓这个问题。

抓住了这个问题之后，第二步是把这个问题当作自己的问题。我在复旦几十年的教学生涯中最感欣慰的事情之一，就是第一遍《精神现象学》上完之后，同学们给我的那张纸条，上面写着："黑格尔是我们同时代的人。"看到这句话，我觉得我的目的达到了。黑格尔是19世纪伟大的德国思想家，哲学史上数一数二的人物，上过我的课之后，同学们终于不把他当作客体了，而是把他当作我们时代的一个导师，他对这个时代有很多观照，对我们今天有很多的启发，而且我们可以从这个巨人身上得到很多的指点。这就对了。所以读王阳明、读陆象山，第一个问题：问题在哪里？第二个问题：如何把这个问题看作我的问题？

康德讲："经验是有条件的。"那么我们在日常生活中作为一个普通人，会认为经验是无条件的，经验是最基本的那个给定、那个原材料。经验还要什么条件？经验的条件就是我的五官不出毛病，正常就有经验。康德讲的当然不是这样一个物理条件或生理条件——你要有眼睛，你要有耳朵，而且眼睛不瞎，耳朵不聋，鼻子不坏，舌头没有出毛病。他不是讲生理条件，他讲的是形而上学条件。从小到大我们都说，大人也都说，经验应该是没条件的，你眼睛一睁睁开了，就看见这样一个讲台，然后看到这个黑板，看到这个教室，看到这么多人。这有什么条件呢？

除了物理条件、生理条件之外，还有什么条件呢？

好，你就把康德的这个问题当作自己的问题，先假定你是对的，康德是错的，康德可能是故作惊人之语。然后再来一层一层地看康德讲的有没有道理。那么你会发现，你的经验当然是有条件的。首先我们所有的经验必须发生在时间和空间中，有没有外空间和外时间的经验？没有。因此至少在这一点上康德是不错的——时间和空间是我们经验的条件。

再看康德对物质的定义。在《纯粹理性批判》里，康德对经验的定义是“不可入的、运动的广延”。按照唯物主义讲的，物质都是运动的，都是有广延的，都是有一定的体积和面积的。后来到了《自然科学的形而上学基础》这部著作里面，物质的定义简单了，但是深刻了。什么叫“物质”？空间中的运动体。这一句话有同学会问：“怎么样深刻？”其一，它指出空间是物质的条件，没有空间就没有物质。其二，马克思主义中的“空间”是牛顿说的绝对空间，他的绝对空间是说空间是我们运动的场所。而康德讲的空间是我们经验的先天条件。因为你要知道，康德花了很大很大的力气，用时间和空间作为我们直观的先天形式来反对牛顿关于绝对空间和绝对时间的理论（康德的反驳由于时间关系我不能再讲理由是什么）。对于他来说，这是我们人的一个直观的形式，但是这个直观的形式不是我们生理学的形式，是形而上学的条件。这样来看，物质本身是有条件的，经验也是有条件的。

这样一来的话，从今以后你看问题、思考问题，你面临两种选择，一是你知道康德有道理，二是你习惯了从小到大的自然主义的思维方式，认为经验是没有条件的，只要我的五官不出毛病我就有经验。我五官有毛病我也可以有经验，只不过这个经验是不正常的经验而已。那么今天有了两种比较以后重新做出审视，我的经验是不是这样？我的经验是不是像康德讲的是有条件的？经验是不是不但在时空当中，而且也在一定的事态关系当中？如果继续这样想下去的话，你越来越感到自然主义的思维方式是不对的。

再比方说《精神现象学》里面，黑格尔提出，“没有赤裸裸的感觉”，这个也是跟我们日常经验相反的。按照自然主义的思维方式，大家都会说：感觉当然是赤裸裸的，热冷、疼痒，这怎么不是赤裸裸的？因为所有的感觉里有一个共同的东西，叫作“意义”。没有意义的话，我们就不能把此感觉和其他的感觉区分出来。我们有感觉的话是因为我们能够分辨不同的感觉。为什么我们能分辨不同的感觉和知觉？因为感觉对我们来说不是赤裸裸的，赤裸裸的感觉是无法分辨的，因此所有的感觉里边都有意义。如果我们学习了这一点，不是把它作为黑格尔的一个观点，而是作为我们今天对世界的一个理解和判断，那你想想看，你对世界的想法和理解是不是就比以前深刻多了？

同样，中国哲学也是这样，很多的问题是和我们现在有关的问题。在我们这样的一个时代，在很多时候正确的东西不一定能够大行其道，错误的东西反倒成了流行的东西，我们个人如何在这样的情况下做出自己的取舍和拿捏？那么这是中国哲学给我们提出来的问题。以前有一位本科生同学曾经有过一个很深刻的例子。评奖学金时，电脑里打出来的分数他比第二名要高很多，可是辅导员把一等奖给了第二名，他问我说要不要去跟辅导员理论，向更上一级领导申诉。我说："这种事情涉及人生的选择，我不能够给你提供任何的具体建议。你去还是不去，要还是不要，可以根据这个学期上《论语》课在课堂上感受到的东西，你去做出自己的决定。这是我能给你的唯一的劝告。"结果一个月后他跟我说，这件事情他不去管它了，无所谓，然后跟我说："这一个月的过程是痛苦的，最后做出决定以后是轻松的，觉得自己战胜了自己。"这是中国哲学的力量——心灵的自由，忍让、克制以及不争。这主要也是欲望在里面起作用，觉得我应该多拿。那么可不可以借这样一个不公正的机会，把它作为看自己能不能超越简单欲望的试金石，这也就是把它作为自己的问题。

哲学是一种生活方式

中国哲学里面有大量这样的例子。其实，如果大家对中国古代思想家的生平有所了解的话，大家也可以看到，他们也面临很多很多这样的问题。比方说很多的学生问朱熹："如果我考不上功名怎么办？"这对于当时的读书人来说不亚于我们现在找不到工作，因为当时读书人的出路要比现在的年轻人、大学生惨得多。为什么呢？做官有固定工资啊，就是俸禄，如果不考上功名，不做官，那就没有固定工资。古时的读书人只有两条生计之路，一个是种地，一个就是教书。教书也是"我们家孩子大了就不用你了，对不起，家庭教师不需要了，你再到别家"，没有固定的生计保障。当时很多学生对朱子提出这个问题，就像现在很多研究生对老师说："老师，如果找不到工作怎么办？"这都是哲学家不能回避的问题。

你们不要以为张老师是个不现实的人，你们要理解我，我当年要找一个月薪二十一元的工作不可得。我对吃饭问题的感受不亚于你们。朱熹的回答是：第一，这是一个很重要的问题；第二，也并不完全只有一条道路——做官。他说，科举没什么了不起。因为我们知道朱子在科场实在是太顺了，所以他说这个东西很容易。当然他也知道，考上的人总是很少的，怎么办？首先必须承认这是一个事实，然后在承认上再重新考虑你的问题。朱子的回答也不是非常明确地告诉你，你应该怎么样，不应该怎么样。我们很多同学有雄心壮志，说我将来要当教授，当名教授，最好还要名扬天下，这没什么见不得人。可是还有相当一部分的同学很可能从事其他工作，这也不丢人，最后也不一定不如那些当教授的同学。

归根结底在于能不能把哲学的问题作为自己的问题，然后把哲学当作自己的一种生活方式。如果能够这样的话，那么我觉得，现在在学校里学哲学你一定是个好学生，因为不说你学得怎么样，你学哲学的境界已经完全达到一个哲学家的高度。你是这样一种境界——把哲学的问题当作自己存在的问题去追求、追索和思考，那么将来你做人的话，我觉得你也不亏了。你绝不会说：我大学四年学习哲学是浪费了，因为后来从事的工作是股票买卖，或者说做文案。我一再讲，哲学是你的生活方式。卡夫卡在白天只不过是一个小职员，可是晚上在台灯下，他有自己那么宏阔的精神世界。我们的同学为什么不去这样？庄子是哪个大学的教授？朱子是哪个大学的教授？斯宾诺莎是哪个大学的教授？萨特也从来没有当过教授，没有当过教授的伟大的哲学家太多太多，所以不要太把教授当回事，归根结底要把哲学当回事。

最后我有几句贴心的话要跟我们的研究生讲：第一，要把哲学作为真理来追求；第二，不要用知识的态度来对待哲学，好像哲学是一个跟我没有关系的客观的知识，要把哲学看作一件挺有趣的事儿，我掌握它也不错；第三个，再进一步希望我们的同学真正进入哲学的问题，而不是把哲学的知识作为自己的目标，如果能够把哲学作为自己的一种生活方式，那么你选择哲学系真的是对的。我觉得没有什么比在哲学系度过一段时光更值得的了。因为它给你的东西，我敢说一句，在其他的系不大可能会直接给你，间接的会有，像哲学系那么直接恐怕不会有。所以我希望我们的同学将来真正能用这样的态度来对待哲学，对待自己的生活。

（2010年11月17日在复旦大学的演讲，整理者徐艺萍，原载《哲学与人生——张汝伦人文学术演讲录》，中西书局2012年1月版）

哲学教育的意义

在古希腊，在德尔菲神庙上面，有一个神谕，叫作："人啊，认识你自己。"后来很多的西方哲学教科书，或者西方哲学书上，都写上这句话。所以我们可以把这句话看作西方哲学的特点。西方哲学是什么，就可以用德尔菲神庙上这句神谕来解释。但是，实际上并不是只有西方才有哲学。这样的一个概括，我觉得如果用在我们中国对哲学的认识上，又不太合适。但是如果我们中国古人知道康德的话，他们也会同意，康德讲的那三个问题，最后归结为一个问题——人是什么。

我今天要讲的是哲学教育的意义。之所以要讲这个题目，是因为我考虑到，我是哲学系的，哲学对我们每一个同学来说，都极为重要。可是在我们国家，哲学好像经常会遭到一些误解。由于遭到误解，大家觉得好像你说别的教育大家还可以接受，这个哲学教育，大家觉得这个提法就有点怪怪的。我们为什么要到大学里来接受哲学教育？甚至觉得我接受人文教育或者通识教育，都没有问题，唯独说要接受哲学教育的话，就觉得怪怪的，为什么要接受哲学教育呢？所以我在想，哲学教育的意义在我看来，是非常重要的。今天我打算分四个部分来讲，第一个部分讲的是哲学是什么，第二个部分讲什么是哲学教育，第三个部分讲为什么要接受哲学教育，第四个部分内容是怎样接受哲学教育。

何谓知、情、意

那我首先来讲什么是哲学。我觉得我们这个社会，有文化的人和没文化的人，对哲学的理解，对哲学的解释，恐怕是有点问题的。一般地，比方说，社会上的人他会认为什么是哲学呢？我觉得会有这么几种：比较流行的讲法，一个就是说，哲学是骗人的玩意儿，就是啥用也没有，就是一帮人在变着法子讲些空话，这玩意儿不要去弄它，这是一个想法；那么另外一个想法呢，就是觉得哲学这个东西我们承认它可能也有意义，但是它有什么意义呢？这个意义只有少数人知道，对于我们大多数人来说，不知道一点关系都没有；但还有一种，因为要进入哲学系爸爸妈妈死活不同意，就说父母认为所谓的哲学，就是讲一些社论一类的东西，这是一般的老百姓可能对哲学的三种解释。而我们现在哲学系的老师对哲学的解释，在我看来也有问题。

西方人讲一句话我挺赞成，说有一百个哲学家就有一百种不同的对哲学的理解和解释。那么《哲学导论》《哲学通论》《哲学引论》《哲学概论》这一类的著作，每年世界上都要出版好多。可大家仔细一看，对于哲学，各人有各人不同的解释。但是看我们国家出的这些书，我就特别反感。大概我们国家最近五年到十年，《哲学导论》《哲学引论》《哲学通论》这些书出了不少，可你仔细去看，对哲学的解释比较流行的大概也有三种。

是哪三种呢？一种是我们原来比较正统的教科书讲的，哲学是关于世界观的学问。这样的解释，我就觉得你等于是没有把哲学的根本问题说到家，就好像说哲学是管人的世界观的——可是宗教才是管人的世界观的。你讲哲学是世界观，就把哲学讲小了，哲学很多东西都没包括进去，这是一种。另外一种，是拾西人的牙慧，说哲学就是爱智慧，因为哲学是philosophy，它这个philo，在古希腊文里面是爱，sophia是智慧。你们很多同学看过一本书叫《苏菲的世界》，苏菲是一个很好的女孩子的名字——我建议我们的女同学把它作为自己的网名。这个就是智慧啊，这是一个很好的名字。

那么我们国家出的好多哲学的通论、哲学的引论、哲学的概论一类的书，它会说，哲学就是爱智之学。这个我觉得也有点空洞。为什么有点空洞呢？首先，什么叫智慧，它没有说；其次，爱智慧，只是内心的一种状态，而没有把哲学本身的任务、目的和整个的方法讲出来。所以，这样的定义也是要不得的，也是不对的。表面上看起来很高深，是从外国人那里学来的，但外国人那里你没搞懂，说明这样的人，他自己对哲学的理解还是非常的肤浅。

那么第三种观点，实际上是起源于黑格尔，马克思主义也有这样的一个讲法。黑格尔讲过，哲学是在思想中被把握的时代，后来马克思把它变成：哲学是时代精神的精华。这个一般出现在马克思主义背景的哲学教授写的哲学导论中。可是这个也有问题，为什么有问题呢？因为哲学家最主要关心的不仅仅是时代精神，他关心的是人类永恒的精神。所以，说哲学是时代精神的精华，他也把哲学最主要的一些问题忽略掉了，没有计算在内。所以，我个人的看法是，所有的这些现在流行的关于什么是哲学的讲法，都是有问题的。

那么有的同学就会说，这些东西都有问题的话，你对哲学怎么看？现在我先不讲我对哲学怎么看，我后面会回答你的。我不喜欢回避难题，我喜欢自己给自己出难题。因为每一个人只有自己给自己出难题，他才能够不断进步。样样自己给自己找答案，说明你自己的智商已经是中等以下了。人类就是被问题推动的，轻率的答案没有任何意义。

那么我先列举一个伟大的德国哲学家康德，他曾经在《纯粹理性批判》当中讲过，有三个问题困扰着人类：第一，我能认识什么；第二，我应该做什么；第三，我可以希望什么。这三个问题的确是大师的概括。

第一个问题牵扯到我们人类“知”的方面。人要培养自己整全的人格，整全的人格是由“知、情、意”三方面合成的。那么我能认识什么，涉及的是我们“知”的方面，这个是哲学非常正确的一个领域。知道能认识什么不能认识什么，这能使人避免许多不切实际的幻想，避免使自己的精力去追求一些根本无法认识的东西，结果把自己所有的智慧和精力耗费在那个不能完成的任务上，反而失去了对真理的追求。所以，我们能认识什么，这对于人类来说，是非常重要的。

可是对于康德来说，第二个问题，要比第一个问题更重要，就是我应该做什么，也就是我们人立身处世在世界上，作为一个人，我们的道德追求和伦理追求到底是什么。大丈夫立身于天地之间，应该怎么做事情，应该怎么做人。在康德看来，这要比追求知识更重要。所以他在第一批判里讲，理论理性的基础是实践，讲得非常清楚。

可是我们现在一些研究康德著作的，恰恰忽略了第一批判的这个问题。我们现在可以看到，大量关于第一批判的著作，都是把它写成一本认识论的书，这个在我看来是有问题的。所以我在复旦大学讲第一批判是从最后三章开始讲——因为康德自己说过，首先要搞懂什么是哲学。所以他自己认为，最后三章非常重要，因为在最后三章他就告诉我们，哲学是一个道德的事业，而不是一个理论的学习。而我们国家现在习惯把康德学说当成认识论，反映了一定的问题。我所讲的这些话，都有康德他老人家自己的根据。我认为，对于他来说，第二个问题比第一个问题更重要，它关系到我们讲的“知、情、意”中的“意”。

道德需要一个人克己复礼，人就是要克制住自己许许多多的欲望之后，他才能追求高尚的事业，才能够追求仁爱的事业。刚才有的同学说，我们老师都让我们竞争，你为什么不同意？我不是不同意竞争，我是说竞争第二、互助第一。我们人类是一个仁爱的动物，而不是争斗的动物，所以竞争可以讲，但是要把它放在互助的前提下讲。不谈互助，就谈竞争，我觉得会产生非常大的副作用。人与人之间成了乌眼鸡，大家都把对方看成对手。应该把对方看成是人、是同类，是互相帮衬、互相爱护、互相促进的朋友。把朋友变成对手，这个不可取，我想康德如果活着的话，他一定也会抗议。所以我建议我们的同学，如果有空的话，可以把卢梭的《爱弥儿》拿来读一下，这是一部伟大的著作，一部非常重要的著作。

第三个问题，我可以希望什么。我在复旦讲课的时候，我讲过人是希望的动物，世界上只有人会有希望，所有的天地间的生灵，只有人会希望。所以人可以希望什么，这样的问题就反映出，你作为一个整体的格局，你是希望当官，你是希望家里有一个带游泳池的别墅，你是希望家里存款有几亿，还是你希望做一个高尚的人，做一个被历史记住的人，做一个对人类有用的人。如何希望，我们可以希望什么，这反映了人类有没有前途。所以康德把它归结为第三个问题，这第三个问题，关系到我们的情意，也就是“知、情、意”三个方面的“情”。是希望那些身外之物，还是希望自己的生命变得更加的崇高和完美。但是康德老先生在讲完这三个问题的时候，说三个问题，一言以蔽之，可以归结为一个问题，就是人是什么。所以哲学的问题，归根结底，在康德看来，你要具体地说，可以分成三个方面，但是你要归拢了起来，这些问题就是一个问题——人是什么。在这一点上，我和康德并没有太大的分歧，但是我有我的想法。

在古希腊，在德尔菲神庙上面，有一个神谕，叫作：“人啊，认识你自己。”后来很多的西方哲学教科书，或者西方哲学书上，都写上这句话。所以我们可以把这句话看作西方哲学的特点。西方哲学是什么，就可以用德尔菲神庙上这句神谕来解释。但是，实际上并不是只有西方才有哲学。这样的一个概括，我觉得如果用在我们中国对哲学的认识上，又不太合适。但是如果我们中国古人知道康德的话，他们也会同意，康德讲的那三个问题，最后归结为一个问题——人是什么。但是我们中国认为，哲学问题不仅仅要认识自己，而且要成就自己，也就是说我们中国所讲的哲学要成己成物。所以我们要模仿德尔菲神庙上的这样一个神谕，来归纳中国哲学的话，我们中国哲学的一个要义就是：“人啊，成就你自己。”

这就不一样，西方哲学怎么也想不到，我们中国哲学里面有大量的篇幅，是告诉你很多修养的过程、修养的目的和修养的方法，告诉你如何来提升自己的道德境界，即所谓的“功夫论”。那么西方人肯定不会理解，这也是哲学。哲学不仅仅是理论的事业，它更是一个实践的事业。其实当年康德已经看到这一点，所以我们中国哲学，它的一个最大的好处就是，恢复了哲学是一个实践的事业。我给哲学系的研究生上课的时候，就已经讲过，德国的大哲学家海德格尔讲过，哲学是什么，哲学是我们的存在方式，也就是说，海德格尔他跟我们古人想到一起去了。哲学首先不是一种理论的方式，而是一种实践的方式，我们怎么来完成自己，成就自己，这样的一种方式就叫哲学。

所以我们现在很多对哲学的认识，在我看来，问题很大，我觉得完全背离了哲学的基本精神，把哲学活生生的东西，变成了毫无生命力的、死样怪气的那种所谓的“理论的操作”，这是我非常反对的。所以呢，讲到这里我可以把我们今天要讲的第一个问题稍微归纳一下：哲学它考虑的是怎么认识自己，怎么成为自己……当然这样讲还不够，哲学还是一个问题之学，哲学是尽快尽可能找到问题，没有问题，就没有哲学。那么下面我来讲，我对哲学的定义。

哲学是什么

哲学是什么？哲学在我看来，定义很简单——哲学是对人生基本问题、根本问题的根本思考，这是我的一个想法。我讲的这个定义，和康德刚才那个定义，以及和我们中西哲学讲的“人啊，认识你自己”“人啊，成就你自己”并不冲突。我们首先要讲，什么叫根本问题。这里面有讲究，因为我们人类活在世界上，之所以和其他的生灵不一样，就是因为他有思想，有思想就有着种种的问题。人类的问题有三大类，这三大类有文化的人会遇到，没有文化的人也会遇到，各种各样不同社会身份的人，都会遇到。

那么第一类的问题，是当下的问题，比方同学们就会遇到这样的问题，今天听完讲座以后，我去哪儿，是继续去自修还是回家，还是说我回寝室洗洗涮涮准备睡觉，或者说我和同学去喝一杯，这是我们每一个人都有的当下的考虑，包括我，讲完以后，去干吗？这是一个当下的考虑，还有明天要考试了，怎么来做准备，怎么去把考试考好，这是一个当下的考虑。

我们人类还有一类问题，是所谓的中期的问题。中期的问题就是说不是当下急着要解决，但是总要有个答案。比方说我三年后硕士毕业了，是找工作还是继续读博？读博的话读哪一个方向？找哪个老师？考哪一个学校？找工作的时候，不但牵扯到我找什么工作，还牵扯到我这一辈子，要做什么工作比较好？包括找对象要找什么样的对象，这都是中期考虑的问题。中期问题不需要当时给出答案，是当下不能解决，但是你必须考虑的。

第三类问题是根本的问题。我要测测你们，根本的问题是什么问题？对，很多同学都讲出来了，是价值观、人生观。根本的问题是四个字，生老病死，也就是人生的目的、生命的意义，这是一个根本的问题。我在复旦教书的时候，曾经碰到过一个同学，悟性特别好。他虽然不是哲学系的，但是真是类似孔夫子讲的，举一反三。而且他经常跟老师交流，交流的水平远远超出一般的同学，他看过的东西不是一般人能接受的。我说你怎么能想那么多，他说他碰到这样的一些事情：九岁的时候，他外婆死了，外婆死了以后他当时很害怕，小孩第一次接触到，一个人怎么永远没有了。那么他就问他妈妈，将来他会不会那样？他妈妈当然不忍心给小孩说，死是人类的常事，而且是不可避免的，一般的家长出于爱护孩子的心理，编一套话，说不可能的，因为你外婆是身体特别不好，是她年纪大了，你将来不会死的。可他说当时我就知道我妈在撒谎，从此以后心里有了结，慢慢地随着年龄的增长，就慢慢地明确，这个是什么问题，是人生的问题——生命的意义到底何在。人有生有死，那么生命对于我来说，意味着什么？

为了要解决这个问题，他中学时代碰到好老师，要比大学时代碰到好老师关键得多。他中学里面碰到了一个好老师，告诉他世界上有两样好东西，你记住，一个哲学，一个音乐。同时引导他开始看哲学方面的书，所以他进来以后，就跟别人不一样。那我们在讲啊，这样的一个问题，生老病死在生命的一定阶段谁都会碰到这样的问题。那么我们每个人，我们突然一下子面对赤裸裸地暴露在我们面前的根本问题，该怎么办？你想回避它是可以的，当然有些人，他看到这个根本问题出来了，我回避它，我不想它。对，你是可以用这种方式来处理。可是你用这种方式来处理，你只是把它暂时地推到一边，你不能够铲除这些东西，这些东西对你来说还是存在的。尤其是当你一天天成熟和你自己碰到这样问题的时候，你当然会去想，我这样还有什么意思，我这样活着，到底该怎样认识这些问题。

比方说我曾经给一些有钱人上过课，我问他们世界上什么事情最宝贵。我说生命最宝贵，因为世界上别的东西都可以用钱买，你只有一个东西是买不到的，上帝在这个事情面前最公正，对于所有的人来说都是这样的，过一天少一天，钱无法买到生命。你有再大的本事，你是总统也好，你是亿万富翁也好，你对此束手无策。那么在这种情况下，一个人掐着时间过，每天数着它来思考，我如何对得起这样千金难买、万金难买的生命？这是任何一个聪明人都应该想的问题，而不是那些自认为聪明的人，先把这些问题推到一边。

所以大家想一想，世界上所有的东西都有实际的效益，只有哲学这个东西，它不能吃，不能穿。可是哲学这个东西，千百年来，第一流的脑袋都把自己一生的精力投入进去，去追求哲学，为什么？就是因为它对于我们人类来说，是最为根本的一个问题。复旦大学的老校长谢希德教授，她是一个物理学教授，她讲过一句意味深长的话，说："复旦大学所有的专业都可以没有，不可以没有哲学系。"为什么这样讲？也就是说，她已经认识到这样的一个问题——人类活在这个世界上，区别于其他动物，他会对自己的生命有感受，有个交代，而不是浑浑噩噩地活着。而且人类怎样把握自己的生命，决定了人类这个社会好不好，和谐不和谐。所以这个问题它不是一个小问题，而是人类命运的一个大问题。因此，这是一个根本问题。

那么这是根本的问题，还有一个叫根本回答。什么叫根本回答呢？根本回答不是你一天就能给出一个答案，然后说从此以后，一劳永逸，我把这个问题解决了，我不要去想了。没那么简单！哲学是一辈子的事情，根本回答就是你不断地去开拓这个问题，不断地去深入这个问题，最后达到对这个问题有个比较通透的把握，也只是这样而已。最根本的问题不是中期的问题或者当下的问题，我们可以找到具体的方案来解决，可以找到具体的步骤一步一步地去解决。可是人的问题，它永远作为一个问题在那里摆着，最终的答案可能是用我们的一生来回答。也就是说，我们觉得有的人一生对他的生命有个交代，非常好，而有的人的一生，简直在浪费生命。我们经常会这么看别人，对有的人我们会说："这个人很聪明啊，是很有才能的人，他怎么就把一生给浪费掉了呢？"对有的人我们也会讲："这个人活着对得起他的一生啊！"那我们为什么会有这样的一个考虑？也就是说，他们对生命的本身，有一个根本的回答。而我讲的根本的回答，就是指这个——要用我们的一生来回答。

我刚才讲的那个根本的问题，我觉得还是讲得比较模糊和宽泛。下面我们要讲得更具体一些，慢慢地使同学们对哲学的这个问题的规模有所了解。对于哲学的问题，同学们千万不要有这样错误的想法：哲学的问题对一些特别具有哲学能力的人才是问题，对我们不是问题。错！就根据我刚才的一个讲法，哲学的问题还真不是哲学家挖空心思想出来的，它是我们人生当中必然会产生的。那么什么是人生？我又要回到我刚才讲的竞争不竞争了。我们人的生命不是孤立的，人的生命是三条线上的一个中间点。三条线的意思是说，如果说人类是个关系动物的话，那么我们的一生中有三种关系，任何一个人都会有，而我们所有的苦恼、问题都是从这三种关系里面出来的。

第一种关系：人与物的关系，也就是人和世界的关系。这个恐怕我们同学没有一个人会怀疑，我们从生下来就处在这样的一个关系当中。我们和周围世界的关系，其中包括我们如何来看待大自然，我们如何来看待我们周围的世界，我们如何来处理人和非人的关系——这个非人包括有生命的东西和无生命的东西。这要是处理得不好，人类要倒霉，非人类也要倒霉。例如，我们现在这样对地球掠夺式的开采和对其他物种灭种式的消灭。大家知道，由于人类在地球上的活动，现在地球上的物种每天以三位数的速度在消失，如果搞得不好的话，世界上所有的物种都没有了，人类这个物种也是要玩完的。这是第一个关系。

第二个关系：人与人的关系。这个同学们恐怕也不会怀疑我们有这样一个关系的存在。我们来到这个世界上，就一定会在人与人之间打交道。今天这个世界最大的问题就是，人处理不好与世界的关系，也处理不好与他人的关系。你看人类现在：内战、刑事犯罪、贪污腐败、拿人不当人……那个黑煤窑的事情、人贩子在做的那种事情，还有强者欺负弱者、富人欺负穷人，所有的问题一言以蔽之，就是人与人之间的关系，处在严重的失调当中。所以，今天人类凭自己的能力完全可以解决我们物质上的需要，可是就解决不了人与人之间的关系。

第三个关系是我们的同学一般不太注意的，第三个关系是什么？对，我—我关系，人与自己的关系，这个关系太重要了。大家可以看到，我们现在汉语的用词就反映我们的生存状态，比如我们现在讲发展的时候，我们一般会说，我要到武汉发展，我要到上海发展，我要到深圳发展，我要到美国发展。然后说我发展你入党，我发展你怎么样，但是很少有人说，我内心要发展。其实一个人内心的发展，要比外在的发展重要得多。可是我们很少有人把发展这个词用在自己身上。

现在有抑郁症的同学比较多，我刚刚进复旦教书的时候有一个女硕士生给我写了封信，她很沉痛，因为这个硕士生涯基本上是失败的。她因为学得不好，学了四年，四年最后还是这样的一个结果，后来她讲了她主要就是对自己和自己的关系没有处理好。一开始进来，因为她是浙江省一个三流学校考来的，她一来以后觉得同学都那么优秀，给她形成了一种强大的精神压力。但是她说她没有把握好这个问题，没有把压力作为动力，反而破罐子破摔，我反正不如我的同学，四年书都不看，整天就在寝室里看杂书打发时间。最后干脆书也不看了，就在外面打着两份工，弄点钱算了。结果呢，因为她还良知未泯，很痛苦。最后，她说她已经出现了抑郁症的初期症状，她自己觉得会有这一点。所以，我—我关系是非常重要的一个关系，我们的同学千万不要小看。

但是我—我关系归根结底到底如何来解释？我认为你要直面自己的生命存在的问题。如果你不直面这个问题的话，你甚至就会说，我跟他人的关系是个问题，我跟社会的关系是个问题，我跟自己有什么问题啊？我觉得我们古人恰恰不这样看。我们古人认为，一个人战胜了自己，自己把自己的关系处理好了，外面再怎么样的事情，你都能够平安地度过去。而你自己的事情处理不好的话，外面做得再顺，很可能在别人看来你无限风光，但是或许你自己内心很痛苦。有些院士，有些很有名的人，恰恰就是走了这条路，有些实际的例子，因为牵扯到具体的人我暂时不说。大家都很吃惊，他有什么痛苦呢？在我们这个世界那么风光几乎没有任何问题，为什么要走这条路？可是人的内心，你怎么能够知道呢？所以这三条线，它把我们人生的基本问题，实际上讲得比较具体化。

人生的基本问题必然会具体化，表现为这三个方面的问题：人和物的关系方面，在哲学上表现为形而上学，表现为认识论；人与人的关系方面，表现为政治哲学、价值哲学、道德哲学、法哲学，还有历史哲学；人和自我的关系方面表现为心灵哲学。所以大家可以看到，哲学的大致门类也就是和这三个方面——人生的三个方向，或者我讲的人生的三个基本关系是勾连在一起的。

讲到这里，哲学的特点不是都讲到了，还有一个基本的问题没有讲，就是我提过的，哲学是刨根问底之学，它不满足于对事物一般的回答，它总是要找事物的总原因、总根据、总说法。比如说历史学、政治学、经济学，它们就一个局部的问题做一个局部的回答。哲学它不是，哲学要对人类的所有问题，找出一个总根据、总看法、总说明、总解释。它会问，世界上的事情，为什么会这样？这样一问，原来我们人类认为没问题的地方，问题都出来了。所以说在这个时候，哲学就是得到了拓展。

有的时候我在复旦大学会跟同学讨论一些问题，比方说，我们最近碰到这样的一件事，美国有一个诺贝尔生物学奖获得者，他根据他的科学研究，提出了一个惊世骇俗的论断：白人的智商的确比黑人高。那在美国大家知道这个是压力大得不得了，就算是诺贝尔奖获得者，因为说了这个话，饭碗给敲掉，大学教授不能做了，因为你有种族歧视的嫌疑。但是报纸不理这个茬儿，两派争论。一派是中国人，从“五四”以来对科学顶礼膜拜，说岂有此理，科学无禁区，他要研究出来，有科学的依据，白人智商比黑人高，为什么不能说？他敢于在这样的一个压力下说出来，说明他坚持真理。那还有一拨人，马上写文章反驳，谁说科学无禁区？科学有没有道德底线？如果科学没有道德底线的话，那么日本731部队拿我们中国人做活体实验，也是合法的——他说我是为了科学事业，对不对？德国法西斯拿犹太人做各种各样的活体实验，他们也可以用这个科学无禁区作为理由啊！所以，科学到底是有禁区还是没禁区？有没有道德的底线？

那么这两派，一个是说科学无禁区，一个是说科学有道德的底线。可是我们复旦的学生就很可爱，把这个皮球踢给我，张老师，两派你同意哪一种观点？在他们看来我总有一派，是吧？要么你主张科学无禁区，要么主张科学有道德的底线，你终会有一派。他们没有料到对于我们哲学来说，不可能接受他们现成的答案。我们哲学首先要问的是，什么是科学，什么是道德。然后科学和道德这个事讲清楚了以后，我们下面的问题就好回答了。如果你根本就没有想过，什么是科学，什么是道德，你有什么资格说科学无禁区，你连科学是什么都不知道。你在那里哇哇叫，你能够说服谁？另外一拨人，你说科学是有道德底线的，义正词严，可是你如果连道德的本质都搞不清楚的话，你那个道德底线又有什么根据啊？所以对于我们哲学来说，我们就要把道德和科学的本质搞清楚了以后，我们才能够对道德和科学的关系做出一个比较有说服力的说明。

这就是哲学的魅力。所以每年有好多同学放弃了世俗认为的美好前程，义无反顾地报考哲学系，包括我招的一个同学，当年学校对她说，我们已经决定，因为你特别优秀，我们准备把你作为政工干部来培养。作为学生工作干部，你也可以读研究生，但是读完研究生，你肯定在复旦大学工作，你肯定是复旦的老师，这样你将来衣食无忧了。但是另外一条路，系里说，你可以免费从本科生读到博士生。结果她来找我，说张老师，我把我本科阶段写的几篇论文给你看一下，你看看我是不是一个读书的料，你要觉得我是一个读书的料，那你跟我明说，我就选择第二条路，跟你读博士。我说你要跟你父母商量，尤其你是个女同学，将来工作对你来说可能还是比较重要的，你要慎重。结果她说张老师你别问我这个，你就说我搞学术行不行啊？我说大概可以，她说那好啦，我就把那个表格退了，至于将来找得到找不到工作那是我自己的事情，张老师，你不用管了。

我还有一个学生，他是我们医学院很优秀的学生。读了五年医学，非常不容易，五年的成绩全部是优。所以面试读研究生，他完全可以选择医学院读下去，可是他居然选了我，跟我读哲学。在别人看来，是不可思议吧？你可以做医生，而且你非常的优秀，你可以直升医学院，而且复旦大学上海医学院是原上海医科大学，全国排第二，大概就排在协和医学院后面，那个文凭值钱哪！他为什么放弃？因为人太聪明了，他觉得我们现在这个国家被有些不负责任的人在网上乱讲一气所误导——其实都是用那些浅薄的思想，来误导大部分的人。他们利用自己没有反思过的、错误的前提，来得出错误的结论，所以中国人的思维水平比较低。哲学之不昌，也就是想问题想得比较浅。他有心想通过自己的努力使这样的现状得到改变。

还举一个例子，比方说，哲学系武警班一年级的本科生，有一次在讨论问题，分为两拨人。讨论什么呢，讨论《孟子》里面的一句话，叫仁者无敌。你们觉得这句话不需要讨论，所以你们笑了是不是？一拨人认为孟夫子这句话是有问题的，仁者怎么可能无敌呢？难道孟子的时代没有人打得过孟子吗？他就天下无敌了吗？想得更深的说，你从历史看，还有从我们周围的世界看，往往是好人斗不过坏人，那么怎么可能说是仁者无敌呢？主张正方的同学就说，仁者无敌并不是说他在具体的事情上具体的交锋上，他是赢还是输。而是说仁者所体现的仁义道德的原则是不可战胜的，是人类文明得以维系的内在支柱，那些不讲仁义道德的人类也就变成了兽类。反方不干了，什么叫最终、什么叫历史？你要给我解释。对，这就是我们哲学思维的方法。不能满足于简单地对我说最终胜利，什么叫最终，这是一个历史哲学的问题。什么叫历史，历史就是过去发生的事。大错！历史不是过去发生的事，历史是对未来的展望。由于对未来的展望，当然就决定了我们对过去怎么看，所以像这样的问题，哲学真是有无穷的趣味。

年轻人有热情，他希望追求真理，他当然追下去。此外，人达到了一定的层次以后，他的确觉得，那些世俗的东西——名、利、钱等很无聊，真正有意思的是我怎样变成一个明白人，变成一个智慧的人，我对现在的这个社会，合理也好，不合理也好，我能够对它有个想法，对它有个说法。在复旦大学，能够与同门师兄弟，再加上老师互相切磋，一帮傻瓜在那里讨论常理的问题，还是很有意思的。就像黑格尔讲的，一个文明如果没有形而上学的话，就像一个庙里没有神像一样——那时候庙不叫庙。一个文明如果没有哲学的话，那不叫文明，所以哲学对于我们人类来说，是根本重要的。

当然对于我们人类来说，同学们，我们刚才讲的、讨论的，是一些人类的根本问题，比如说我们今天世界上面临的问题，人能不能克隆？同样还有一个问题是堕胎，堕胎是合理的，还是不合理的？两者叙述的理由似乎都很充分，在美国，主张堕胎合理的人，认为身体是女性自身的，她要怎么处理身体是她自己的事情，那她从女性主义的角度来支持堕胎；反对堕胎的人说，胎儿一旦形成，他就是一个生命，虽然它寄居在你的体内，但他是一个独立的生命，你没有资格处理他人的生命，所以堕胎就是杀害生命。那么这两者大家可以看到，他们的论证前提都牵扯到我刚才讲的什么？根本问题。这个问题两者要辩论的话，就是根本问题要有个根本思考。所以我们同学进大学后一定要做一个有思想的人，不能够仅仅是做一天和尚撞一天钟，只关心下一顿饭怎么解决。也就是我讲的，我今天这个题目，哲学教育的意义，我就认为，哲学跟我们每个人都有关系，而不是什么可有可无的东西。我觉得，我们的同学在大学里面，无论如何一定要接受哲学教育。现在用这些话过渡到我要讲的第二个主题。

什么是哲学教育

第二个部分，什么是哲学教育。刚才第一个部分讲的只是哲学是什么，下面要讲的是，既然哲学这么重要，既然我提倡我们在座的诸位有可能的话都去接受哲学教育，那么什么是哲学教育？我觉得我们现在的大学教育，基本上分成两块：一块是我们的专业教育，这个大家都熟悉；还有一块叫通识教育。通识教育在最近这几年慢慢地引起了中国各个高校的重视，包括华中科技大学人文教育中心，它每个星期要搞讲座，都可以纳入通识教育的范围。但是我觉得通识教育还不等于哲学教育，通识教育它包括了哲学教育的一些内容，但并不完全等于哲学教育。我曾经问过我们学校从事通识教育的一些老师，他们怎么来认识通识教育。现在一般的人对通识教育的认识，我觉得还是比较浅。比如说理工科的同学要学点文科的知识，文科的同学要有点理工科的知识，专业的壁垒要适当地打破——比方说中文系的同学不能除了文学别的不学，历史系的同学不能除了历史别的不修，主要要打破专业的壁垒。

另外还有人说通识教育就是培养我们同学们的才能和爱好，比方说陶艺制作啊、唱京剧啊、欣赏昆曲啊，这一类复旦大学也有不少这样的课程。这些琴、棋、书、画，能够让我们同学有各方面的兴趣爱好，陶冶同学的性情。我们现在对通识教育的认识无非就是这个——一个扩充大家的知识面，一个打破专业壁垒，还有一个就是培养健康的、高雅的各种各样的情趣和能力。但是我觉得这里面缺了一块，缺了一块什么呢？哲学的教育。

哲学的教育和通识教育不一样，很显然它不是培养同学们琴、棋、书、画这样所谓的能力。它不是一种能力和趣味的培养，这是其一。第二，它不是打破学科壁垒，因为哲学是超越各个学科之上的，你很难说哲学是像经济学、历史学、化学一样意义上的学科。当然，今天我们把哲学叫作学科，可是哲学界有很多人是不同意的。哲学不是一门学科，它就是人类社会本身。所以，你要把哲学看成要和任何一个学科一样打破壁垒，这个也收不到哲学教育的效果。第三，哲学当然也不是我们讲的文科的同学要学点理科的知识，理科的同学要学点文科的知识。不是开拓学习的知识面，因为哲学本身不是一个知识的传授和灌输。所以我现在首先要讲一下，因为讲哲学教育的人不多，那我先要讲讲哲学教育是什么。

哲学教育就是通过它使我们同学养成一个思维，思考根本问题的能力和习惯。另外通过哲学教育使我们同学能够开拓自己的思路、深化我们同学看自己、看同学、看人类、看文明、看历史的眼光。总而言之，哲学教育是对人的一种质的提升，尤其是人的精神素质、灵魂的提升。所以哲学教育的要求非常高，它要求受教育者全身心地投入，教育者也是全身心地投入。有很多人一直觉得我很奇怪，我五十七岁了上课怎么永远像二十七岁的人一样激情澎湃。原因其实很简单，我上课给同学讲的东西都是我发自内心相信的东西，它就是我的命！你要让我讲像番茄五毛钱一斤、牛肉六块钱一斤这样的内容，我是做不到这样的。那么同样，它要求我们的同学接受这样的教育也不能没心没肺，带着一个来听故事、混学分，或者随便混资格、凑热闹的心态来听是不行的。哲学教育真正成功的话，一个学期的哲学教育下来，学生觉得自己的灵魂像洗了澡一样。然后会给你的老师写一些感人肺腑的信，里面不是讲别的，是讲我有什么转变。我很骄傲地说，我每个学期结束，这样的信我都会收到好几封。这对我一个教师来说，比什么奖金、鼓励、头衔都要重要得多——我非常看重这个。这些信件至少告诉我，我的工作没有白做。所以这个哲学教育对于我们来说是非常重要的，下面再讲些具体的问题。

比如我们看到一个课表，这课表上就会有中国哲学史、西洋哲学史、马克思主义哲学史、马克思主义哲学原理、伦理学、历史哲学、道德哲学、法哲学、逻辑学等等。那有的同学就会产生一个错觉，认为哲学这个东西，大概也是像中文系一样的，中文系有中国文学史、近代文学史、现当代文学，有文学作品选读，那我们哲学系也有经典作品选读等课程。当然课程这样编排是没有办法的，我们哲学系很多属于有志之士的老师，对哲学系很多的课程以及教研室的划分，有很大的意见，认为完全违背了哲学的本性。但是没有办法，因为现在我们生活在这个制度里面，有的东西你明明知道它不合理，你也得这么干。可是老师怎么上这些课，是有讲究的，有的老师他上课可能从左边第一个字念到右边最后一个字，念完就拉倒，哲学系也有这个情况。但是也有老师会说，我把这些东西用我自己的体会、自己的良知、自己的全部的能力和知识来和你们讲。他讲的时候你们会发现，老师不但是在讲哲学，也在讲他自己。老师在讲康德、讲黑格尔的时候，我们同时也看到了老师的人格、老师的追求、老师的热情，同学会受感染。

其实哲学就是这样，一代又一代人的智慧相互启发，然后你就觉得，这些课，会让同学觉得哲学系的课，是复旦大学其他任何系所没有的，这种课是非常特别的。它不是说要叫你记住某年某月某日某人说了什么话，他这个话有几个要点。我们考研就是这样，所以我每年给研究生第一次讲课都会说：从今天开始，把你们考研记住的所有东西全都从脑子里忘掉，当然我知道忘不掉的，只是用极端的修辞方式让他们记住，他们背的那些东西，全是靠不住的，没有一条是对的，你只有把它忘掉，你才能进入康德和黑格尔的伟大世界。同学有感觉，他就会觉得哲学就是跟别的课程不一样。别的课你当然就觉得一学就会，但是哲学课它不是一个你记清要点就行了的课程。你不是记清要点，你要记得的是他为什么这样想问题，对不对？比方黑格尔，他处处的观点是与我们的常识相反的，而且，黑格尔讲过一句很有名的话——哲学就是反对常识的。很多同学说，黑格尔的话讲得不对，违反常识，我们在世界上怎么生活呢？再进一步想，这么一个有智慧的人，他怎么可能讲一句明显是不对的话呢？那么带着这个问题，克服了千难万难，慢慢从不懂到有一点点懂，从有一点点懂到懂得不少。好了！等到完全懂了就了不起了，就深刻了。这个时候他就感觉到很受用了，哲学的魅力就在这里。倒不是我王婆卖瓜自卖自夸，你们哪一天能够进入这个世界，但凡你要是能进入，你绝对会说张老师，你此言不虚！所以哲学的教育应该是这样的。

接下来我就讲讲什么叫哲学教育。哲学教育跟我们现在一般的无论是通识教育还是专业教育都不一样。第一，通识教育和专业教育它们都没有摆脱单一的知识传授。当然，通识教育还有一点，就是陶冶人格，提高一个人的道德素养。可是没有像哲学一样根本改变一个人的精神世界。它做不到，因为我们知道，人是思想的动物，可是人又是很有惰性的，人的最大的惰性是什么？人最大的惰性是抛弃自己的习惯——已经习惯了几十年的想法和观点。格林斯潘讲过一句话我觉得蛮深刻的：要一个人接受新思想不难，要一个人丢掉旧思想非常难。就是讲我们人类最大的惰性就是自以为是，自己觉得我怎么会有错？几十年来我就是这么想的。但凡我们人类能够怀疑我们有错，我们的思想就会进入一个全新的境界了，历史上的大哲学家基本上都经过这样一个阶段。所以哲学教育是改变一个人的精神世界的教育。学会了哲学——当然学哲学的人大部分没有必要去从事哲学活动——他要从事其他工作，他一定是超一流的。

我一直痛心疾首，说我们国家哲学不昌，为什么？就是科学家他根本就认为哲学是扯淡。那么我想让我们的科学家去记住，你读哥白尼的《天体运行论》，他告诉你，他在前言里面讲得很清楚，是什么促使他提出日心说的？不是科学的考虑啊！是神学和形而上学的考虑啊！牛顿把他的主要著作叫作《自然哲学的数学原理》，他认为他的工作不是科学的工作，不是物理学的工作，而是哲学的工作。而且到了四十岁以后，所有自然科学的研究他一概不谈，他认为没有价值。牛顿整个的下半生，他活到八十多岁，就陷入了形而上学的沉思之中，任何一本牛顿的传记都可以看到。爱因斯坦，他在晚年记者采访他的时候被问到：你是哲学家还是科学家？他说我首先是哲学家，然后才是科学家。为什么？他有了哲学的头脑，他才对研究的对象有了一个根本的全新的看法，他才能做出突破性的成就和颠覆性的创作来。没有这个你就永远只能小打小闹，跟在别人的后面。这一点是中国科学家和国外科学家相差最大的地方——就是中国的科学家许多认为哲学不重要，而国外一流的科学家，你去看他们的传记——我是最喜欢看传记的，一流的科学家他们基本上都有一套哲学。我想贵校的图书馆里大科学家的传记有的是，同学们有兴趣的话可以去看一下，证明我不是瞎说。

有些大科学家的哲学情怀令人非常非常感动，无论是大数学家、大物理学家、大化学家，都是这样。比方说，比利时的大化学家普利高津，他是拿了诺贝尔化学奖的，他著有《确定性的终结》一书，很有名，1996年就翻译过来了。他得出的结论跟西方科学家是一样的，认为现代哲学的根本突破就是颠覆确定性。世界上所有的确定性都是伪造的，确定性是相对的，不确定性是绝对的。

为什么要接受哲学教育

第三，为什么要接受哲学教育。其实我刚才的结论里面也有了，就是现在我们应该承认，我们现在的高等教育很大程度上是灌输式的。最主要的不管是文科还是理科，都是把灌输知识作为教育的唯一目的，这是非常成问题的。教育的根本目的是让学生在“知、情、意”三个方面有完整的、有机的、统一的发展，而不是偏重于知识的灌输。偏重于知识的灌输出不了大师，出的只是些背知识的机器而已，出不了创造性的人才。所以，我们有点叶公好龙：一方面整个社会上上下下都反对填鸭式的教育，另一方面我们考试又是这种机制。比方说我在我们学校，《论语》导读这门课，我是要求写论文的。他给我来一个通知说，张老师，要出A卷B卷，要有标准答案，结果我断然拒绝啊！我说你们口口声声素质教育，我写论文就是要看出学生自己的创造能力，你倒好，让我写论文也有标准答案，那他对答案就得了嘛！哪有这么荒唐的事情对不对？

所以我们现在这个教育制度就是有许多的缺失。大家也都知道，应该不用灌输，要启发要讨论。根本就不管中国学生与老师的比例和美国差多少，比方说现在我们所谓的通识教育核心课程，一定要学美国人，要有讨论课。我说美国的课程是一个老师教二十个学生，他可以开讨论课，我一个老师教三百五十个学生，我怎么讨论法？我把他们分成十个人一组，每个星期讨论一组，十六周每周讨论都讨论不完，而且最后都发生问题了。讨论之前我们算好了，十个人，每个人只能发言五分钟，然后老师再点评一下，再互动一下。后来学生讲五分钟，还没把自己的意思讲出来，时间到了，然而别的同学也不知道我有什么跟你相同、什么跟你不同，我想反驳你、你想说服我，这些根本没有，最后流于形式。所以后来学校开研讨会的时候我是跟他们讲，我说我们还要考虑到中国的国情，我们不要照搬，照搬的话起不到根本的作用。我们现在就是照搬最容易，开口美国怎么样，闭口美国怎么样，美国和中国的情况还是有所不同的。

另外一方面，同学们这个精神境界也是不行的。有的女同学整天在一起就是这个韩国歌星漂亮、那个韩国歌星漂亮，你的男朋友怎么样、我的男朋友怎么样，就没有再好一点的、朝上走的谈话内容。很多同学也很失望，他就写信给我说这个学校怎么这个样子，我带着满腔热情来的，怎么这样……那我告诉他，不是我们的学校，这可能是我们的时代。所以要有哲学教育。哲学教育就是让你养成批判的头脑，你能够知道什么是对的，什么是不对的。让你知道大家都这么说，这是一种fashion，大家都喜欢韩国的明星不一定就对，但假如他是个不受哲学教育的人，他扛不过这种潮流。我们中国人最大的毛病是什么？是从众心理，总怕自己特立独行——特立独行是出大师的基本条件！所以为什么要哲学教育？很简单，清理自己的思想，养成自己思想的习惯，而不是我网上看来的、报纸上看来的，或者说平常老师讲课听来的。那不行，谁说的我都要自己过一遍——“讲得对不对？”不对我就不听。你不接受哲学教育就很难养成怀疑的能力和批判的习惯。只有在接受了哲学教育以后，才会有这样的习惯，而一般的人是不会有的。

还有一个我觉得最重要的，是养成讲理的习惯。以前中国有个大哲学家，现在基本被人忘了，叫作张东荪。张东荪讲，民主是一个讲理制度，不讲理的人不会有民主。所以我们同学们要养成一个讲理的习惯，比方说像刚才我举的那个例子，科学无禁区和科学有道德底线，最后还是要讲理。通过讲理来处理手中的事情，能让一个社会变得更理性、更聪明、更深刻。我们现在讲理的东西太少了。你看现在的电影，不知道在拍些什么东西，我在报纸上看到，一片对《投名状》的骂声，就说什么乱七八糟，只看到一帮人打过来打过去。后来我在想，他不是傻瓜，投资方这么拍，也就看透了中国人就喜欢这个。其实这个很令人痛心，什么时候能让他们知道，中国人不喜欢看打过来打过去，也就是养成一个讲理的习惯。讲理了以后，人能够变得深刻，变得深刻以后他才会不喜欢花一个小时、两个小时看这个动物性的冲撞。尽管我们现在高等教育是扩招了，但是严格地说没有受过教育的人、不能受高等教育的人还是占多数，所以我希望诸君珍惜这个机会。我在复旦也是这样讲的：你们不管什么时候，还是这个社会里面享受到一点稀缺资源的群体。你们对提高我们中华民族的素质、提高我们整个社会的素质，有义不容辞的责任。你们一定要好好干，你们再不讲理，那社会就没有讲理的地方了。

有一次在《精神现象学》的课上，一个男同学和一个女同学差点起冲突。我的助教跟我讲，刚才两个同学为了争个位置差点动起手来。我勃然大怒，我说这简直是斯文扫地，你来听哲学的课，为了一个位子这样搞法。我说男同学特别不像话，你一个男同学遇见女同学都这样，那要是在泰坦尼克号里，还不把女同学往死里踹？他后来也不好意思了，头低着。我说那个女同学也不应该这样，女同学要有自己女同学的身份，怎么能准备动手，这也是不对的。这个也是要养成讲理的习惯。

谈起哲学教育，我就想起文天祥的一首诗，经常感到不能自已啊！文天祥说，读圣贤书所为何事？他最后就义的时候，人家在他穿的那个长袍上发现这句话："读圣贤书，所为何事。孔曰成仁，孟曰取义，于今而后，庶几无愧。"是吧？就是说，我从小是读书人，读书人读书做什么？不是让人觉得这个人是知识分子，能写几句歪诗，能写个什么东西。"孔曰成仁，孟曰取义。"就说人生在大关节上不能含糊，那我今天到人生最后一关，我是经受了考验，从今往后，"庶几无愧"。我要到那个世界去，我也是无愧于列祖列宗，无愧于我们那些精神的祖先。后来我跟那两位同学讲，你们读书的时候也要这样考虑，不是为了一个位子。从此以后当然就好了，有的同学买个小马扎，抢不到位子，我就弄个小马扎放在地上，那么这也是个办法。

总而言之，接受哲学教育就是清理自己的思想，养成自己的思维习惯，培养讲理的习惯。还有就是分析问题的能力。就像我们刚才讲的道德和科学的关系，或者各种各样的关系，要养成我们分析问题的能力。现在互联网、报纸铺天盖地地过来，很多观点不一定是正确的，那么我们同学对所有的流行的观点要有一个自己的看法。自己的看法不是随便来的，因为玩小孩子脾气，我就怀疑你，你讲东我偏要说西，这不叫怀疑，这叫跟人过不去。真正的怀疑是建立在对问题透彻分析的基础上，怀疑要有道理，没有道理的怀疑就是跟人家找碴儿。所以，我们同学们要接受哲学教育，要养成分析问题的能力，这是第四个。

第五个，也就是最后一个，就是提高我们对这个世界的认识，就是从此以后让我们看问题也好、看这个世界也好、看人生也好、看自己也好，变得不那么简单，变得比较深刻、比较有沉淀。一句话，变得比较智慧。那么这个就是受哲学教育的缘由。

怎样接受哲学教育

那么最后一个问题最不好讲，也最好讲，就是怎样接受哲学教育。第一个选择当然是到哲学系去选课，这是毫无疑问的。虽然哲学系不见得所有的课都适合我们的同学，但是基本上哲学系的课程还是可以选。但并不是说这是唯一的途径。还有一个途径是课余我们同学看各种各样精神含量比较高的书。哲学不仅仅是在哲学书里有，在其他的书里面也会有。所以我们同学只要看经典的著作，那些高品位的著作里面，多多少少都有哲学。读那些被人类文明证明是千锤百炼的、经过时间考验的经典著作，是一个非常必要的，也非常可行的途径。比较遗憾的是，我们同学现在看经典的热情太低。所以我在“拥抱经典”的演讲中，就大声呼吁我们的同学读书要去读经典，而不要去看那些乱七八糟的畅销书，或者流行书，这是第二个途径。第三个途径，广义地接受哲学教育。贵校的这样一个人文讲座也好，人文教育中心也好，它有各种各样高质量的讲座，希望我们的同学——这个方面华中的同学让我领教了，热情得不得了。复旦同学反正讲座也多，所以每个讲座都稀稀拉拉的一些人，满座的，出现站着听的，有，但是不多。其实同学们不要小看这个，在某种程度上这其实也是在接受哲学教育。哲学教育本身，它的途径就是多方面的。还有最后一个，可能对大家来说一开始比较难——读一些哲学的书。但是这个读哲学的书，要读真哲学的书，不要读假哲学的书，因为这个假哲学的书现在市面上也不少。读真哲学的书主要还是读名家的书、读大家的书，这也是一种方式。

最后，还要给大家一个忠告，哲学这玩意儿急不得，因为哲学非常特别，很多别的东西，你花个一年半载就能见效，哲学这个东西往往就是一年半载投入进去啥也看不见。我的研究生资质很好，考的时候都是考第一的，可是进来以后很痛苦。两年以后说：张老师，我都觉得我没有什么长进。我说我也觉得你没有什么长进。但这是第一句话，第二句话我说：你注意过自然界没有？那些最不成材的树长得疯快。我不知道这里有没有河南、安徽的同学？河南和安徽北部有一种树叫泡桐树，是空心的，长得贼快，可是除了烧火和改变下自然环境外，什么用处也没有——它不能当料。而那些木质越好的树，比如说花梨木、紫檀木、红木，为什么珍贵，它慢！它长得慢，可那玩意儿慢归慢，东西好，对不对？哲学也是这样，你两年三年，没有什么东西，不是说你没进步，你就跟那紫檀木一样，长得是慢，你别管，一旦你长成那可了不得。所以说你两年没有进步很正常。我们的同学不一定都去做专业哲学家，也不一定都到哲学系做研究生。那么你说：我业余的时候受哲学教育，我会不会遇上这种问题？我觉得也要做好思想准备。不要说：张老师，我看三个月了怎么还没起色？我还看不懂。我觉得如果你觉得这样我也只能说没办法，你要相信自己，同时也要相信哲学，好东西总归是来得慢的，来得快的东西一般来说不太值钱。

（2009年3月在华中科技大学的演讲，整理者徐艺萍，原载《哲学与人生——张汝伦人文学术演讲录》）

哲学对话与中国精神的重建

重建中国精神

近年来，主张中、西、马哲学对话已经成为中国哲学界一个引人注目的现象。它标志着我们终于认识到，原来建立在现行学科划分基础上的中国哲学、西方哲学和马克思主义哲学研究各自为政，很少对话往来，遑论相互学习影响，是不利于中国哲学的发展的，尤其不利于具有原创性中国哲学的产生。然而，时至今日，真正卓有成效、有影响的对话成果似乎还未见到。这也不奇怪，因为对话要有成效，需要对话者对中、西、马三个哲学传统都不陌生，甚至必须是这三个传统的专家。彼此对与之对话者的传统背景知之甚少或了解不够到位，都会使得对话事倍功半，甚至徒具形式与姿态。因为这三个哲学传统各有各的话语，各有各的问题域和提问方式。不了解它们的特殊性，就不可能进行有效的对话。

毋庸讳言，由于我们现在哲学教育和研究中人为的制度性条块分割，使得真正能打通中、西、马三个哲学传统的人少之又少。但这还并不是最关键的问题。不了解可以逐渐了解，隔膜可以逐渐打通，误解可以逐渐消除，对话可以在彼此学习的过程中进行，而且，真正有效的对话一定是一个彼此学习的过程。因此，三个哲学传统的研究者不能完全掌握这三个传统，不是对话的障碍，不足以完全取消对话，只要彼此不自以为是，能虚心学习就行。

至关重要的，是哲学对话的目的，即为何对话。这个问题不明确，对话只能是徒具形式，不会产生任何积极的成果，甚至会对三个传统本身造成很大的伤害，结果搞得不中不西、非驴非马。哲学对话的目的不是从不同的哲学传统中借用一些话语来重构自己的传统，如我们这些年见到的中国哲学研究中的以西释中，和马克思主义哲学研究中的以西（某个西方哲学家或西方哲学流派）解马那样的做法，而是成就当代中国哲学，重建中国精神。

近代以来，建立一个现代中国成为所有中国人的共识。可由于近代流行的线性进化观的影响，人们形成了一个奇怪的“中国文化等于古代文化”和“西方文化等于现代文化”的想法。要救国，要建立一个现代中国，只有接受西方文化，拒斥中国传统文化。这在相当一段时间里成为中国人的主流想法。对传统文化持同情肯定态度的人不但为数很少，也几乎没有什么太大的影响。近代中国人对文化问题的一个根本错误在于，把文化纯粹理解为一种工具，一种建立和维持某种社会制度（包括政治制度和经济制度）的工具，而没有看到精神和文化对于人本身构成的根本重要性。这种对精神文化工具论的理解使得近代中国对精神，尤其对哲学极不重视，甚至不以为意。传统文化的地位从晚清以来江河日下，原因也在这里。人们认为它不仅无用，反而有害。左、右各派都认为要建立现代中国，只有西方的思想资源才管用，因为它们代表现代。

马克思主义产生于西方，是现代西方文明的产物。共产党人把它理解为放诸四海而皆准的真理，自然可以作为我们的思想武器。但是，中国共产党人也从列宁那里学到，马克思主义不是教条，而是行动的指南，必须把马克思主义与本国的革命实践相结合，也就是要接中国的地气，或者说，要中国化。正是在这样的思想指导下，革命建国和国民经济的建设发展取得了巨大的成功。但是，我们在马克思主义哲学的中国化建设上，做得还远远不够，而哲学与精神关乎我们要建设什么样的国家，我们需要什么样的文明，我们想成为什么样的人。

现在可以看得很清楚，经过一百余年艰苦卓绝的奋斗，我们已经建立了一个政治经济上强大的国家，但在精神上却与之形成巨大反差，哲学研究基本以“史”为主（中哲史、西哲史、马哲史），没有真正的原创性成果。这也解释了为何不管什么西方人的东西，在西方流行的在中国基本也流行。但在中国流行的西方思想像西方时尚一样，三五年换个花样。20世纪80年代存在主义炙手可热，似乎不谈存在主义就不配谈哲学。但今天要找一篇（最近20年写的）研究存在主义的文章都不太容易。20世纪90年代后期到21世纪前五年许多人言必称哈贝马斯，今天却很少有人再提到他。这种令人不满的情况当然不仅限于哲学，而是中国思想文化的普遍现象。这种精神文化的疲软与中国政治经济的腾飞形成令人尴尬的对比。一个强大的中国怎能没有自己强大的精神文化？正因为如此，重建中国精神逐渐成为一个普遍的要求。

重建中国精神，首先要重建中国哲学，因为精神的核心是哲学。中国思想传统中没有“哲学”这个名堂；马克思甚至提出过“消灭哲学”的命题，但很少有人认为中国传统没有哲学或马克思没有哲学；相反，随着时间的推移，中国哲学与马克思哲学会被越来越多的人承认。为什么？因为哲学不哲学并不在于有无“哲学”这个名称，而在于有无哲学的问题。有哲学问题就是哲学，无哲学问题就不是哲学，哪怕打着哲学的旗号。古代中国哲学家和马克思不必把“哲学”放在嘴上，但他们是典型的哲学家。而现代学术工业的很多从业人员可以吃哲学饭，却根本不是哲学家。

那么，什么是哲学问题？首先，哲学问题都是反思性的。什么叫“反思性的”？就是脱离了问题的直接性，而能后退一步，从当下的问题中抽身出来，在一个更大的宏观视域中来思考问题。泰勒斯作为“哲学之父”的地位之所以至今未在西方动摇，就在于他的命题“水是万物的本原”体现了哲学的根本特征，即它的根本性和反思性。一般人也会思考水，无非是如何利用水或如何防止水患，或何处以及怎样搞到水，以及水的化学成分，甚至水对于生命的重要性，等等。但不会把水作为一个普遍概念，利用它来思考宇宙万物和宇宙整体。中国人对道的思考也是如此。思考道并不解决生活中的某个具体问题，却让我们对该问题之所以然有所把握。马克思分析资本细致入微，但不是为了管理资本和操作资本，而是为了从整体上、根本上把握现代社会，即资本主义社会。哲学问题的这种反思性使得哲学得以超越各种具体科学，更为客观地思考这个世界。马克思的名言“批判的武器不能代替武器的批判”，说的也是哲学的这种反思性。“批判的武器”和“武器的批判”各有各的功能，不能相互取代。而马克思本人始终只是在用“批判的武器”工作。

其次，哲学问题具有整全性。古希腊人看到，事物生灭变化，但它们是在一个全体中生灭变化的，没有这个全体，它们的生灭变化是不可想象的。它们的存在时间长短不一，但总要消失；可此大全，他们称为physis，却永在，绝不会消失。我们古人也看到了这点，他们把这个大全叫作“天地”。老子说：“天长地久。天地所以能长且久者，以其不自生，故能长生。”“不自生”，前人的解释是“不自营己之生也”，或“不自私其生”，都是指它超然物外，是万物生灭变化的条件。我们可以说沧海桑田，但没有说天地毁灭的。沧海桑田，天地还是天地，天长地久还是天长地久。这个大全，不是浑然大块，而是有秩序、有道理，“天道”“天理”这些概念就表达了中国人对此的认识。希腊人当然也是，cosmos是有永恒秩序的，人间的城邦只有以此永恒秩序为模型来建立。最初的科学、系统数学和哲学形而上学，就是为了理解这种永恒的秩序产生的。

哲学已有近三千年的历史，有极为丰富多样的发展，许多现代西方哲学家根本否认有永恒不变的秩序，将永恒大全的研究一概作为“形而上学”加以拒斥，但却改变不了哲学本身的普遍性、整体性、反思性的特征。当一个哲学家说世界上只有暂时，没有永恒；或只有特殊，没有普遍时，他实际上是在鼓吹一种普遍的观念。“世界上只有……”的这个“世界”，其实就是大全。现代科学不管对宇宙和世界的认识细分到什么地步，归根结底这些分析是在整体的背景下进行的，是以整体的存在为基本条件的。因此，人类不能只有对人为分裂的局部或部分的思考，没有对整体的思考。这就像没有对人整个身体的认识，任何体检都是不可能也是无意义的。在此意义上，整体是绝对的，部分是相对的。科学思维的一个基本特点就是分，而任何科学的“分”都是人为的，总是要遮蔽或不顾许多东西，它的分才有意义。

在近代以前，科学还没有取得如今天这般权威地位时，人们的思维还不至于受科学思维影响太大，但近代科学却对人类的思维方式产生了决定性影响。近代科学思维的特点有四：一是片面性，即只看到它要看到的事物的那部分，其他部分可以当它不存在。再就是量化思维，喜欢可以直观操作的量化，忽视事物的特殊性，不太注重需要智慧的对事物的判断。三是实用性，着眼于立刻解决问题。只问手段的有效性，不管目的的正确性或正义性。四是非此即彼的思维方式，事物只有截然相反的两种可能，非黑即白，没有第三、第四，更不要说更多的可能性了。这种思维方式，德国古典哲学家称为“知性”。因为它在日常生活和科学研究中都非常有用，人们自然心悦诚服地拥抱了它。正因为如此，黑格尔在《精神现象学》中说知性具有强大的力量。也因此，作为反思的、整体的普遍性思维的哲学，被很多只懂知性思维的人最好视为无用之物，最坏视为胡说八道。

中国近代思想的一个显著特征就是科学主义甚嚣尘上，哲学地位江河日下。再加上工具主义和实用主义思潮的流行，使得人们即使对哲学也以科学主义和工具主义的要求来要求它，完全忽视了哲学对于全体的掌握功能和它对于形成一个民族精神的意义，忽视了哲学对于建构系统理论的意义。现代中国无论自然科学还是人文科学和社会科学都缺乏像样的理论，与哲学不受重视有极大关系。而没有对于宇宙人生的整全把握，没有各个研究领域像样的理论，精神自然会极度疲软，甚至无从谈起。我们的西学研究翻译成为大宗，国学研究越来越跟着海外汉学起舞，正是当代中国精神疲软乃至精神缺失的反映与写照。

这样有目共睹的精神疲软，使得重建中国精神成了亟待解决的当务之急。没有精神的民族是庸俗的民族，没有精神的国家是没有希望的国家。只有以强大深厚的精神为其底蕴的中国梦，才能成为引领整个国家奋斗的理想蓝图。而要重建中国精神，首先要重建中国哲学或建立现代中国哲学，而要重建中国哲学或建立现代中国哲学，首先要进行卓有成效的哲学对话。

中西古今之会通

为什么建立现代中国哲学乃至重建中国精神要进行哲学对话？因为自从近代以来，西方哲学和马克思主义哲学已深入中国精神世界的方方面面，成为我们新的传统的一部分。但是，这两个成分与原来中国的传统之间缺乏有机的融会贯通，基本是各自为政，这也使得近代中国文化老是在中西之争中撕扯分裂，难以形成一个整体的、包容中西马三个资源优秀成果的新传统和新文化。王国维在晚清就已指出：“异日光大我国学术者，必在兼通世界学术之人，而不在一孔之陋儒固可决也。”这说的也是现代中国学术文化的未来在于打通古今中西，吸收人类文化的一切优秀成果，在此基础上实现中国文化的重建。

但这还只是问题的一个方面。哲学对话之所以必要，还与哲学问题和任务的特点有关。哲学是对事物的整全思考，是对宇宙人生的整体把握。由于近代自然科学思想的影响，我们往往认为宇宙与人生是可以也应该分开讲的，前者属于“自然界”；而后者属于“人事”或“人类世界”。其实，对于哲学来说，宇宙人生是不能分开讲的。马克思“人化自然”的思想就已经指向了这一点。且不说人本身就是宇宙的一部分；宇宙要有意义，一定以某种方式对我们人呈现，在此意义上，它是一个属于人的现象。动物就不会有宇宙，植物和无机物就更是如此。人生在世，面临的根本性问题可以归结为三个方面或三个维度，即人与世界（宇宙）的关系、人与人的关系、人与己的关系。哲学就是围绕着这三个方面展开的。人与世界的关系主要表现为宇宙论、认识论和宗教哲学；人与人的关系主要表现为道德哲学、政治哲学、法哲学、社会哲学、经济哲学；人与己的关系主要表现为人生哲学、心灵哲学、伦理学。存在论则贯穿于所有这三个方面。

中国哲学、西方哲学和马克思主义哲学虽然在这三个方面都有涉及，但都没有面面俱到，而是各有侧重。比方说，中国传统哲学在第二和第三方面着力较勤，而在第一方面则关注相对较少。西方哲学在第一、第二方面有巨大的贡献，在第三方面相对弱一些。马克思主义哲学则主要关注第二方面的问题，而对第一和第三方面的问题则多有未到。如果现代中国哲学能把三家之长冶于一炉，那不但对于中国精神的重建有重要意义，而且也是对人类哲学的极大贡献。

在古希腊人那里，理论是对普遍永恒真理的追求。我们的祖先也是这样，注重天经地义，注重常道。但这绝不意味着他们不关心时代的问题。恰好相反，中国哲学发展的几个高峰都与哲学家们对时代问题的思考和回应有关。但他们自觉地将“道”与“术”分开，即将对常道的思考（理论思考）和对现实问题的具体解决方案的思考（实践思考）分开。他们更重视的是前者，所以他们首先是哲学家，而后才是政治家或别的什么身份。他们相信道不远人，相信理一分殊，所以道术之间没有不可逾越的鸿沟。常道一定体现在具体事物和问题中；而对事物和问题的解决，也只有遵道而行才是正道。

中国传统哲学家有一个思想根深蒂固，这就是世界是由人组成的，而人是受自己内心（知、情、意）支配的。只有好人才能办好事，才有好社会。无论内圣外王还是成己成物，说的无非是这个道理。自然人有善的潜能（孟子所谓“四端”），但潜能不足以为好人，如无后天努力，善的潜能会表现为恶，孔子六言六蔽之说就指明了这点。好人是后天养成的，德性不是自然天性，而是第二天性，必须通过自觉、严格、终身的修身功夫培养自己，才能成为一个有德之人或君子，否则便与禽兽无异。

西哲苏格拉底有言：“未经审视的生活是不值得过的。”这是要每个人对自己的生命负责，对自己的生命要有个交代，要认真思考人生的意义和值得过的生活。可是这个传统在后来的西方哲学中渐渐淡化。中国哲学则不然，它始终将生命的意义和生活方式作为自己的主要思考对象，儒道佛三家无不如此。无论如何，总是要堂堂正正做个人。中国哲学家更关注的是人之德行，而非人的功业。前者是哲学问题，后者是能力和机遇问题，不可同日而语。中国传统哲学家喜欢在人伦关系中思考人，却忽略了除了人伦关系外，人还有其他的社会关系，而往往把其他关系也还原为人伦关系，这就有点简单化了。

由于中国传统哲学家以常道为追求目标，又只生活在一种文明形态，即古代文明的形态中，所以他们缺乏历史时间的概念或时代概念，他们相信天不变，道亦不变。他们无法预见现代这样一种全新的文明形态，以及这种文明形态所产生的种种问题。当然，古今文明虽有根本性的区别，但也有许多共有的普遍性问题。所以，以常道（还可进一步分为天道、地道、人道）为主要思考对象的中国传统哲学，其真理在现代世界仍有其相关性，有些甚至可以为今天的人类指出一条可能的出路。

但是，我们不能不承认，现代世界与古代世界有许多重大的不同，甚至在时间和空间上都有重大差异，如果我们不是把时空理解为单纯的物理现象的话。现代社会所产生的问题之艰巨性和复杂性，是古人无法想象的。现代性与资本主义，构成了世界历史一个新的时代，而我们的古人，是生活在这个时代之外的，他们的思考不可能涉及这个时代特有的种种问题。不管我们把哲学理解为时代精神的精华还是密涅瓦的猫头鹰，都必须承认，传统中国哲学对于今天的中国人来说是远远不够的，它不能是现代中国哲学唯一依靠的资源。现代中国哲学要承担起重建中国精神的重任，必须还有其他的资源。

我们身处的中国，是现代中国，她存在于资本主义占主导地位的现代世界。虽然马克思并非最早发现现代性问题和思考现代性的人，但人们公认，他对现代性问题的分析和揭示，还无人能出其右。尤其是他对资本主义本质的深刻剖析，即便他的敌人也不得不承认。要认识当今世界种种复杂问题的本质，离开马克思主义哲学是无法深入的。资产阶级哲学家固然也对现代性问题有种种不同的揭示，有些还相当深刻，但却不具有马克思哲学那种辩证性、总体性和直接的时代相关性。当马克思在《德意志意识形态》中说历史是唯一的科学时，他实际上把历史与哲学并轨了，或者说，他使哲学具有历史的维度。“马克思第一个提出了‘资本主义’这种历史现象，他向我们展示了资本主义如何兴起，如何运行，以及它可能的结局。像牛顿发现万有引力定律和弗洛伊德发现潜意识一样，马克思揭示了我们日常生活中的一个一直为人所忽略的事物，那就是资本主义的生产方式。”这样，他的哲学具有直接的时代相关性。这种时代相关性不能从编年史意义上去理解，而要从历史的普遍性意义上去理解。

今天的世界与马克思生活的时代已有很大的不同，即使像他这样具有强大预见性和想象力的思想家，也难以预见到技术对当今世界的改变。然而，马克思对资本主义本质的分析和描述，今天依然是那么准确和有力。只要世界上还存在着压迫与剥削，存在着奴役和不公，马克思的哲学就不会过时。马克思的一些特殊结论或可商榷，但他的哲学方法和哲学的提问方式，是现代中国哲学必须作为自己的基本要素加以吸纳的。否则我们就无法从哲学上全面把握现代世界，更无法对它进行深入批判和至少在思辨中超越它。

但另一方面，这种吸纳不应该是单纯的“拿来”，而也应该中国化。这个“中国化”当然包括能够尽可能用典型的中国话语融入马克思主义哲学的话语，使得马克思说中国话。但这还不是主要的，关键在于要能用马克思主义哲学的立场、观点、方法分析当代中国的问题。衡量现代中国哲学是否建立的一个标准，就是看它能否对现代中国面临的根本问题做出回答或思考。在此问题上，传统中国哲学和西方哲学都不如马克思哲学更具相关性。停留在课堂里和书本上的哲学不是真正的哲学。哲学是抽象的，但它是具体的抽象。哲学又是具体的，但它是反思的具体。这是传统中国哲学和马克思哲学共同具有的品质。现代中国哲学应该把这种品质发扬光大。在这一点上，传统中国哲学与马克思哲学有其相互影响和融合的共同点。

三千年以来之西方哲学，其博大精深，超过世界上任何其他哲学。马克思主义哲学本身也可以说是西方哲学的产物，马克思直到晚年还真诚地承认他是黑格尔的学生。现代中国哲学的先驱冯友兰、金岳霖、熊十力、张东荪等人，都从西方哲学中吸取营养，都多少将西方哲学的一些东西纳入他们自己的哲学。但他们还都没有真正全面进入西方哲学的堂奥。西方哲学对各种人类基本问题思考之广泛与深刻，为现代中国哲学的建设提供了丰富的资源和助力。只有真正掌握西方哲学，直至化境，才能将其转化为现代中国哲学的有益成分。

哲学的一个重要功能是批判，是帮助我们澄清、深化自己的思想和发现思维的盲点，是不断反思我们未经审视的思想预设。批判就是深入分析、推理和论证，反复驳难。在西方哲学家看来，“哲学力求建构一种辩证法，它所提供的回答不是在简单主张、简单见解的层次上，而是位于概念层次——‘明白清晰’的概念”。从巴门尼德、柏拉图开始，西方哲学家就区分意见和真知。真知是通过深入分析、推理和论证获得的。这样一个分析、推理和论证的过程，也是一个批判的过程，未经批判的东西只是独断的意见或教条，不具备真理性，因为它不具备一个结构严谨、展开的每一步都很合理、能使每一个讲道理（有理性）的人都因其正确性而不得不服从它的统一的陈述体系。

很大程度上是由于文言文本身的语言特点，传统中国哲学缺乏西方那种哲学推理方式。中国传统哲学不是不讲推理和论证，但它用的多是喻象式和启发式的论证方法，它常用的推理方法是类比推理而非形式逻辑推理。好处是鲜活直接；缺点是形式上过于简单，言不尽意，无法把复杂的问题深入展开和反复辩难，而这恰恰是西方哲学，尤其是西方哲学自柏拉图以降的辩证法传统之所长。今天我们使用的现代汉语与文言文有很大的不同，已经掺杂了不少西方语言的句法、语法和词汇的因素。我们甚至可以在一个极端的意义上说，我们使用的语言已经不是孔孟老庄的语言了。现代汉语比较便于我们吸纳西方哲学话语，比较便于我们接受西方哲学批判思维之长。这一点已为许多现代中国哲学家的工作所证明。

但是，西方哲学也需要中国化。所谓西方哲学中国化，是要让它融入中国的哲学语境。以前有人提倡要“原汁原味”地接受西方哲学，这其实是办不到的。因为每个接受者不可避免有其特殊的视域和立场，只有从自己的视域和立场出发，才能有创造性地接受。且不说我们中国人，即便是西方人，中世纪的西方哲学家和近代或现当代西方哲学家，他们对古希腊哲学的接受又何尝能做到“原汁原味”？但恰恰是他们从自己的哲学语境出发接受传统，才造成了传统的创造性转换。中国近代学习西方哲学成绩不是特别突出，一个重要原因就是不能将西方哲学纳入中国的哲学语境中来思考和接受，这样也就无法使它对现代中国哲学的建设产生积极的影响。

与西方哲学和马克思主义哲学对话当然也意味着中国传统哲学的自我批判与更新，最终达到中国哲学的重建。与西方哲学和马克思主义哲学的对话是中国哲学自我更新的一个必要而又重要的途径，非此不能实现自身的重建。中国哲学必须深入西方哲学和马克思主义哲学的堂奥，自觉地吸纳西方哲学与马克思主义哲学的精髓，而不是简单地套用西方哲学或马克思主义哲学的话语概念。那样做不仅无益，反而有害。邯郸学步，失其故步，正此之谓也。

哲学的对话

总之，对话的理想结果，应该是中国传统哲学在吸收了西方哲学和马克思主义哲学的精髓之后的自我扬弃与重建，也应该是西方哲学和马克思主义哲学的中国化。在此基础上，才真正可能产生重建中国精神所需要的现代中国哲学。那么，中国传统哲学、西方哲学和马克思主义哲学之间的建设性对话究竟应该如何进行呢？

这种对话本身是一个哲学的过程，它必须符合哲学的基本要求和特征，这就是，它必须是反思的、批判的、围绕着普遍性的根本问题进行的。反思的，是说这三个哲学研究领域必须对自身的工作进行反思，主要不是自我肯定和重复，而是理性地对自身的各种问题进行客观的审视。否则对话一定会变成对别人的批评和开导，却看不到自己的弱点与缺陷。批判的，首先是指在对话的刺激和反照下的自我批判，然后是从各自立场出发的相互批判，这种批判不是单向独白的，而是辩证的，即通过反复辩难讨论最后消除分歧，达成共识。哲学对话不应该纠缠细枝末节的琐碎问题，而要围绕着我们今天那些具有普遍性的根本问题来进行，因为哲学最终是要回答整体性的问题，以及从整体的立场出发来回答特殊问题。

为了让这样的对话得以进行，在方法论上也有若干问题是值得提出的。第一，必须承认，中国哲学、西方哲学和马克思主义哲学虽然在许多方面非常不同，甚至互不交集，但要真正的对话得以进行，还是要寻找最大公约数，这最大公约数就是那些对它们来说都是至关重要的重大问题。例如存在的问题、人性的问题、理想社会的问题、对世界的理解问题，等等。甚至在对资本主义批判这样的问题上，三种哲学也可以找到它们的公约数。中国传统哲学当然不知道什么是资本主义，但对资本主义表现出的种种问题，如社会不公、贫富差距、人的异化、庸俗唯物主义和功利主义等，中国传统哲学是有很深思考的。它在这方面的思考是可以与西方哲学和马克思主义哲学对话的。而没有公约数，也就是对话的共同主题，对话就会变成独白。

第二，真正对话基本的方法论原则应该是荀子说的“以仁心说，以学心听，以公心辩”。“以仁心说”是说对话者应该是平等追求真理的伙伴，对话是抱着为追求真理的目的而进行，出言立论不是为了贬低其他传统而抬高自己，而是为了证义理，析疑义，与人为善，分享真理。为此，不但要知无不言，言无不尽，还要言必有理（理由、推理），言必有据（理据）。立论尽可能周全，分析尽可能详尽，推理尽可能严密，结论尽可能平正。要给别人留下说话的余地，不能“必不容对手有反驳的余地”。

“以学心听”是说对话首先是一个相互学习的过程。自以为独占真理的人是不会进行真正的对话的，他们所谓对话只是为了显示自己的优越与正确。那样的话对话就失去了意义，完全没有必要了。对话者进行对话的首要动机应该是学习，向不同的哲学传统学习，取长补短，提高和完善自己。若无这样的动机，对话者从对话中就会无所得。向不同的传统学习应该不会影响自己的个性，不会取消自己的特长，相反，却能从他者中吸取营养，壮大和发展自己。以虚怀若谷的学习态度去对话，不仅是一种对话者应有的道德态度，也是一种明智的方法论立场。

“以公心辩”是说虽然对话应该抱着学习的态度去进行，但这不等于说对话是一边倒地接受。相反，真正的对话是相互攻错，虽然相互攻错的前提是对其他哲学传统有理解之同情，客观了解和接受其某些东西（即学习）。批判是真正对话不可缺少的因素。批判包括自我批判和相互批判，在批判中求得的共识才是真正的共识。批判使对话者看到自己传统和思维的盲点，也看到别的传统的长处和优点。最重要的是，只有通过相互批判，彼此共同关心的问题的复杂性和不同进路的可能性才会彰显出来。

第三，哲学对话不是纯粹的理论活动，它是由于重大实践的需要（重建中国精神）才有其必要。因此，它在方法论上是实践哲学导向的。实践哲学导向不能理解为实用主义，哲学对话不是为当下提供合适的流行话语，而是思考今日中国面临的种种重大问题，其中当然包括精神文化的问题。它的表述方式可以是理论的，但它的旨趣是实践的。它不给予具体的实践方法，而是指明实践方向。离开今日中国的实践需要的哲学对话，不可能产生任何积极的成效。但它是在哲学层面上思考今日中国和人类的根本问题，而不是在技术层面上提建议或出主意。

第四，哲学对话必须是理性的对话，要尊重理性的规则，要讲理但也不能只尊奉一种说理方式，理性是多样的，说理方式也是多样的。逻辑演绎、经验证明、象喻指示、寓言类比，都是正当的哲学说理方式。独断的教条，哪怕有逻辑推理支撑，也是不合理的。理性的对话细致而深入，可以层层推进，也可以单刀直入。但不是毫无规则，毫无规则的游戏是无法进行的。

第五，哲学对话必须也是历史的对话，必须建立在对三个哲学传统的历史的充分了解的基础上，必须充分调动三个传统的历史资源来进行，它必须既是对传统的继承，又是对传统的超越。它既是三个哲学传统的对话，又是这三个传统的融合与超越。

（原载《我们需要什么样的文明》，商务印书馆2017年6月版）

哲学与现代性

现代性：人是万物的尺度

现代性是当代世界思想文化界的一个流行词，它的定义可能不下几十种，从来也没有，也不会有一个统一的定义，因为人们在看到现代性时总会受自己的基本立场支配，总是有着主观性在。所以甚至会出现这样的情况，两个人讨论现代性问题，闹了半天发现谈的根本不是同一个问题。我们中国人更为常见的问题是把现代性和现代化混为一谈，中国思想界之所以直到今天还不像在西方思想界那样，对现代性的反思批判构成了思想发展的主要动力和主题，就是因为人们普遍认为，批判和反思现代性就等于反对现代化，反对现代物质文明，反对现代科学，要回到古代社会，等等。其实，现代性和现代化是两个有明显区分的概念。现代化指的是现代文明的硬件：制度、器物、社会结构、生产方式，等等。但现代性是一种特有的思想文化方式、态度、倾向、价值体系，是隐性的，是软体。所以对它才会有那么多歧义。现代性与现代化当然有联系，但这种联系不能理解为单线直接的因果关系。因为现代化的许多东西是普遍相同的，但现代性则不同。现代性不但有地域的区别，也有时间的区别。不同国家的现代性表现出不同的特点，而这些特点对现代化当然会有影响。此外，现代性从来也没能一统天下，总还有非现代性的因素在其中起作用。比如，信奉瓦哈比派的沙特，在许多方面可以非常现代化。总之，现代性和现代化有明显的区别，反思与批判现代性当然也会反思和批判现代化，但这种批判其实不是对着现代化本身，而是对着它所体现的现代性原则。

我们说的是哲学与现代性，当然是从哲学的角度来看待现代性问题，以及哲学与现代性的关系。从哲学的层面看，现代性是一种普遍的原则和价值立场，是一种精神取向。之所以称它为普遍原则，是因为它不仅仅是一种哲学原理或原则，而且是人们对待几乎所有问题的基本原则，基于这样的原则，人们形成对一切事物的价值取向和立场。人们的精神活动，被这种原则所支配，因而只能朝某些方向发展。那么，这种现代性原则究竟是什么？它造成什么样的后果？这是我们首先要弄清的。

黑格尔在《哲学史讲演录》中提出，现代性的原则始于希腊在伯罗奔尼撒战争中的瓦解，也就是始于智者与苏格拉底的时代。进一步说，始于普罗塔戈拉那句著名的话："人是万物的尺度。"黑格尔一方面认为这是一个伟大的命题，因为它要把思维认作被规定的东西、有内容的东西，而另一方面思维也同样是能规定、能提供内容的东西；这个普遍的规定就是尺度，就是衡量一切事物的价值的准绳。可思维规定的内容是什么呢？黑格尔的回答是：“首先内容是‘我’自身，是‘我的’，我有这些兴趣，并使这些兴趣成为内容。其次，内容又被规定为具有完全的普遍性。”可是，黑格尔也看到了普罗塔戈拉的这句话是有歧义的，因为人是不定的和多方面的：（1）每一个就其特殊个别性说的人，偶然的人，可以作为尺度；或者（2）人的自觉的理性，就其理性本性和普遍实体性说的人，是绝对的尺度。黑格尔指出，照前一种方式了解，就无非是自私，无非是自利，中心点就是主体及其利益。这当然是黑格尔不会接受的，因为作为一个哲学家中的哲学家，他当然知道，哲学关心的只能是完全的普遍性。所以他认为，只要“我”设定的是客观的、自在自为的存在，“我”就可以避免成为一个偶然主观的“我”。

但这只是黑格尔的一厢情愿，事实上哲学家无法让历史按照他的设想，按照他认为的理应如此来发展。黑格尔认为，只要人与万有一体，把自己视为宇宙大全的一部分，就可以保证“我”的设定的普遍性和客观性，他重提和强调“思有同一”的原则不仅是为了避免先验哲学成为“坏的唯心论”，更是为了防止普罗塔戈拉命题的第一种含义成为现代性原则。可是，现代性原则不完全是理性的产物，它是多种因素所致，关于这个问题还很少有人提出，更不用说研究了。但它在15世纪的典型出现，可以说并非哲学逻辑发展所致。

如果说现代性原则在古代经典中的表述者是普罗塔戈拉的话，那么它在近代的“始作俑者”可以说是意大利人文主义者皮科。虽然有人认为皮科是一个伟大的哲学家，可实际上他游离在哲学发展的主流之外，黑格尔的《哲学史讲演录》也许就因此对他不置一词。但他在西方哲学史上却占有重要的地位，因为他第一次把人从宇宙中剥离出来，成为一个无家的存在者。他在《论人的尊严》中写道，神在创世时最后才创造人，等神创造人时，宇宙已满，万物各得其所，人在宇宙中已无余地。伟大的创造者决定，这种生物不会被给予任何自身固有的东西，但他却可拥有任何其他生物所拥有的一切。他将人类创造为一种本性不定的，不好也不坏的生物，然后将他置于世界的中心，对他说：“亚当，我们没有给你固定的位置或专属的形式，也没有给你独有的禀赋。这样，任何你选择的位置、形式、禀赋，你都是照你自己的欲求和判断拥有和掌控的。其他造物的本性一旦被规定，就都为我们定的法则所约束。但你不受任何限制的约束，可以按照你的自由抉择决定你的本性，我们已将你置于世界的中心，在那里你更容易凝视世间万物。我们使你既不属于天也不属于地，既非可朽亦非不朽；这样一来，你就是自己尊贵而自由的形塑者，可以把自己塑造成任何你偏爱的形式。你能堕落为更低等的野兽，也能照你灵魂的决断，在神圣的更高等级中重生。”也就是说，人可以做他想做的任何事情，却不受任何约束，包括神的约束。皮科认为，这就是上帝给人的补偿——自由，想干什么干什么。就此，皮科代表现代人与古代万物一体思想做了一个了断。虽然皮科的寓言显然与柏拉图的《普罗塔戈拉篇》有关，代表的却是根本不同的宇宙观。从此，我与一切无关，我的事情我做主。相比较而言，笛卡尔的“我思故我在”还没有这么极端，笛卡尔至少还承认上帝也是一种实体，需要他来保证我思的可靠性。而皮科的立场实际是“天上地下，唯我独尊”。从此以后，这个现代性原则成为一切事物的根本原则。宗教现在成为我的感情需要；政治现在的目的只是保障人的生命财产安全和个人权利；经济学的出发点是经济人（自私的人）；艺术上的现代主义也是以个人感觉为基础，印象派和表现主义都是奉个人感觉为圭臬；哲学当然就是主体主义哲学（认识论、心灵哲学、分析哲学）。

这个现代性造成的结果便是马克思在《共产党宣言》中敏锐指出的：“一切固定的冻结了的关系，以及与之相适应的古老的令人尊崇的偏见和见解，都被扫除了，一切新形成的关系等不到固定下来就陈旧了。一切坚固的东西都烟消云散了，一切神圣的东西都被亵渎了。”但马克思认为这样的状态是旧世界再也无法继续下去，注定要灭亡的征兆。

而比他晚半个世纪的尼采，则同样看到了现代性（他用“上帝死了”来概括它的特征）造成的是一个危险而混乱的局面：“在这些历史的转折点上，由于彼此之间激烈对抗的各种利己心自我膨胀，争夺阳光，在它们任意使用的道德范围内无法找到任何界限、任何控制、任何体谅，便出现了一种壮观的、多种多样的、丛林般的成长与努力，一种热带地区快速的发展竞争，以及一种巨大的毁灭和自我毁灭，它们比肩并立并且常常相互纠缠在一起。……在这里，除了一些新的'理由'之外别无他物，也不再有任何共用的公式；在这里，出现了一种新的对误解和相互不尊重的效忠；在这里，腐败、罪恶和最自负的欲望可怕地彼此相关，种族的精神从丰富多彩的善恶中涌现出来；在这里，春天和秋天命中注定同时出现。"在这样的时代，"个人敢于追求个性"。另一方面，这种大胆的个人迫切"需要他自己的一系列法则，需要他自己的技能和计谋，来达到自我保护、自我提高、自我觉醒、自我解放"。各种可能性一下子显得光辉灿烂又不祥逼人。"我们的本能现在能够向所有各个方向返回；我们自己就是一种混乱。"尼采在《善恶的彼岸》中说的这些话，极为鲜明地描述了现代性对人类社会和人本身造成的后果。

哲学之死

那么，现代性对哲学又造成了什么影响呢？首先，近代西方哲学的主体主义哲学是现代性的哲学表述，它从哲学上系统阐发了现代性最深层的要素和特征，在此意义上，我们甚至可以就用主体主义来概括现代性的特征。也因为如此，等到主体主义哲学在德国古典哲学中达到它的顶峰又走完了它的最后一里路时，哲学便随着黑格尔的去世而拉响了警报。哲学不但不再是科学的科学，反而成了反科学的代名词，成为嘲笑的对象。为什么会这样？

这得从什么是哲学开始说起。我们现在如果谈论什么是哲学，往往会说哲学就是“爱智慧”，是爱智之学，等等。这是从希腊文“哲学”这个词的意思来的。这样的回答几乎等于没有回答；这样的回答根本不能说明哲学的内涵和特征。其实，philosophia及其动词形式philosophein直到柏拉图那里才有我们今天“哲学”的意思，在此之前，无论是在米利都学派还是埃利亚学派那里，它都是一个日常语言的概念，并不指一种特殊的精神活动和存在方式。直到公元前5世纪后半叶，在希腊文中都还没有“哲学家”这个词，只是在柏拉图之前不久才有这个词。philosophein一词中的philein是“爱”的意思，但它在许多时候，在其更原始的意义上，是“有”的意思（它在荷马那里就是简单的“有”，而不是“爱”的意思）。因此，philosophein也应该理解为“有智慧”。“哲学家”则是“有智慧的人”。根据第欧根尼·拉尔修所说，“哲学家”最初只是指“睿智的人”（sophoi）或“智者”。希腊七贤都是这样的智者。而“智者”之“智慧”，最初并不是哲学意义上的，而是实用性的。如泰勒斯成功地预测了一次日食；成功地预见来年气候会使橄榄丰收而提前把所有榨油机控制在自己手里，从而发了一笔大财；通过分流河水降低水位使军队得以涉水过河，都属此种智慧。“智者”最初并不专指哲学家，它同样可以指诗人和梭伦这样的政治家。希罗多德称毕达哥拉斯为“智者”。色诺芬说荷马、赫西俄德、西莫尼德斯、埃庇米尼得斯、泰勒斯和毕达哥拉斯是智者。赫拉克利特不但把荷马和赫西俄德，也把诗人阿基洛库斯、米利都的赫卡泰奥斯、普吕纳的毕阿斯、泰勒斯、毕达哥拉斯和色诺芬叫作“智慧”或有智慧的人。就此而言，在苏格拉底之前，至少对于希腊人来说，没有后来专门意义上的“哲学家”。希腊人是到了苏格拉底和柏拉图，尤其是柏拉图那里，才有自觉的“哲学”意识的。

哲学当然是一种人类式思维方式。人类的思维可以分为两大类。一类是实用性思维。人生在世，首先要面对和解决的问题便是具体的生存问题：活下去，满足自己的种种物质需要并繁衍后代，延续种属。为此，他们必须有种种特殊之知：什么东西可吃，哪里有水，天气怎样，土地条件如何，危险来自何处，如何取暖避寒，如何冶炼矿石、加工各种物质材料，如何治病救人，等等。实用性思维的目的就是解决所有实用性问题，从如何取火、采集浆果到如何把人送上月球，都属于实用性思维。这种思维并非人类专有，动物也有。休谟说理性思维乃人类与其他动物共有，也许就是就此而言。这里思维可以是理性的，也可以是非理性的。但它的理性，无疑是实用理性，实用理性不仅仅包括怎么打胜仗、怎么安排家务、怎么待人接物、怎么纵横捭阖、怎么给人设局下套（如有些人理解的那样），也包括怎么维持自己的生存，怎么发财，包括技术性思维。有人说实用理性是中国思想的特色，这根本就不对，任何人、任何民族要生存下来，都少不了实用理性。没有实用理性，人类根本活不下去，实用理性是人类的标配，绝非中国人专有。但哲学基本与实用理性无关。

然而，人之为人最不可思议之事，就在于他会不满足于所有那些有用的特殊知识，而进一步去追求无用的全体之知。亚里士多德在《形而上学》一开始说明哲学的产生时便说，哲学起于“对自然万物的惊异”。人们对习以为常的日常世界当然不会惊异。只有面对不熟悉的事情或不知所措的事情时，在面对无法理解的事物时，人们才会惊异。也就是说，只有在觉得自己无知时，人才会惊异，惊异实际就是知自己不知的产物。人类最初惊异的对象大都是日月运行、四季循环，最终是宇宙（大全）的起源。人类对它们感到惊异，又想消除此惊异，这才会对它们产生问题以及种种答案。前苏格拉底哲学家的思想都体现了这个特点。惊异意味着不再在意日常习以为常的常态、常物、常事，而超越日常和不假思索之上，开始关注无法有一劳永逸答案的非常性问题。这些非常性问题，又可理解为终极性问题或根本问题、根据问题、全体性问题和事物的意义，以及善恶问题。这些问题不是产生于日常生活的需要，而是人类超越了日常生活的需要之后才得以产生。

构成希腊宗教和哲学的基本概念（按照康福德的说法，这些概念是从宗教传给哲学的），如性质、自然、物性、始基等，都是由于人类思考这类问题而产生的。日常性问题谈不上惊异，使人惊异的应是这类问题。它们不一定直接与日常经验有关，很多时候恰恰是人类超越了日常经验才会产生和思考这类问题，所以我把它们称为“非常性问题”。如果哲学一定要有开始的话，那么它始于这类问题的产生。

我们在中国哲学开始时，也可以看到上述这种情况。中国哲学诞生的标志应该是“天”与“道”的思想的产生和提出，这两个概念奠定了中国哲学的基础和方向。天命、天道、天地、天下、天理等，这些与天有关，或者说从“天”的概念衍生出来、发展起来的重要概念，明白无误地证明了中国人对大全、终极根据、万物本原、超越领域的思考，这种思考不是实用性、应对性、适应性的思考，即不是被动的反应性思考，而是反思性思考，是超越个别具体事物，超越日常操持和实际事务，对宇宙人生根本性问题、终极性问题和总体性问题的反思性思考。许倬云将“天命靡常”思想的提出，视为中国思想的第一次“突破”，认为其重要性“实在孔子学说之上”。这是很有见地的。而“道”字真正作为哲学概念使用是在《洪范》中“无有作好，遵王之道”和“无偏无党，王道荡荡；无党无偏，王道平平；无反无侧，王道正直”，以及《顾命》：“皇天用训厥道，付畀四方。”道的原义是路，《说文解字》：“道，所行道也。”然此义已含有哲学意味。路是我们达到目的的途径，不按道路走，也可能达到目的，但可能性很小，更多的可能是达不到目的或千辛万苦方始达到目的。不仅旅行是如此，做事也是如此，有正确的行事方法，按照正确的方法来做，事半功倍。反之，事倍功半。“一达谓之道”（《说文解字》）即由此而来。我们可以发现，即使在道的原始含义中，已有哲学意味在。诚如唐君毅所言：“中国之哲人言道，固原于其先已生活于中国之人文世界中。”道路原为一具象之物，然中国思想的特征，即在即器见道，具象抽象间没有明显的鸿沟，而是二者往往很难分清。

“皇天用训厥道”之“道”，原指文武体国经野、治理天下的原则方法，但若从其上下文中抽出，道亦可理解为建立一个美好公正的国家和社会，一个天下为公的政治的整体性原则和法则。“王道”即是这样的法则。“周道如砥，其直如矢”（《诗·小雅·大东》）白描的显然不是周代的大路，而是暗喻周之王道。如在日常世界，路有直有曲，道也可有正道邪道、旁门左道之分。作为哲学概念的道，还可以有整体性之道和一般具体事物之道的区分。后者是指一般事物的原理和原则，而前者则是指宇宙之道，万有之道。前者有正邪之分，后者是绝对的，只有有无，即有道无道之分，再无正邪之分。这种绝对意义上的道，中国人称为天道，用“天”来规定“道”，是要突出此道具有天之绝对性与总体性。此道常在，故是

“常”。常道是至高至大的法则，即《洪范》中的“皇极”是也。它放诸四海而皆准，不偏不倚，乃大中之道。此道之概念，不但与天，而且与命、性等概念都有内在关系。

无论天道还是常道，都是绝对的真理。“绝对”在这里的意思是它没有对错，只有展示。海德格尔alethia意义上的“真理”庶几近之。这不是知识论意义上的真理，而是存在论意义上的真理。作为天道，它规定了事物的秩序。总体的事物秩序，就是道。此道不是价值无涉或中立的，而是有其强烈的元伦理意义和导向。一方面，“天道无亲，唯德是授”。另一方面，无道就是不德。天道具有规范性意义：“补乏荐饥，道也”；“天道赏善而罚淫”。当然，道既然是天道，就绝非只关人事，它亦被用来接受宇宙的一些根本现象，如“日月之行也分，同道也”；“盈而亏，天之道也”，等等。在很多时候，天道与天已经难以明确区分，似乎古人是用道来理解天，如：“天道盈而不溢，盛而不骄，劳而不矜其功。”这里，天道似乎是天的另一种说法。这个意义上的天道或道，当然会有万物本原的含义。道的上述种种含义，在老子那里得到了系统的发展和表达。虽然有些话是春秋时代的人说的，但这些道的思想一定在之前的殷周时代已经出现。

天和道这两个总体性概念（当然不止这两个概念）的出现表明，中国人此时已能超越日常功利目的或实用目的的工具性思维，而开始思考事关大全的总体性问题，即哲学问题了，表明哲学在中国的正式诞生和出现。总之，从哲学在中国和西方的产生看，它都是关于事物的总体（大全），关于事物的根据（本原），关于事物的意义的思考（包括对人生意义和社会正义的思考），就其无关实用功利而言，我们把它叫形而上学，就其事关绝对条件（存在）而言，西方人把它称为存在论。总之，哲学产生于人们对超越人的绝对原理、绝对条件、绝对准则、绝对意义的思考。西方人，尤其德国哲学家，喜欢把它叫作对根据的思考。

哈贝马斯在《交往行为理论》导论一开始，就指出："哲学自其开始以来就致力于用在理性中发现的原理来解释世界整体，解释各种现象多样性的统一。"但是，他又看到，哲学的这个传统现在遭到了质疑。哲学现在不再与世界、自然、历史、社会的整体性知识有关。这不仅是因为经验科学的发展，而且更是由于随着经验科学的进步，哲学对自身的反思所致。哲学更多考虑的是如何在一个科学惯例的框架里思考问题。哲学思想已经放弃了它的整体性追求，兴趣转移到科学理论的逻辑、语言理论和意义理论、行为理论，甚至美学，当然我们还可加上政治哲学，这些所谓的部门哲学或专门哲学。哲学变成了metaphilosophy（后哲学）。哈贝马斯认为这意味着哲学已经失去了它的自足性，哲学最初追求事物的最终根据的企图失败了。

延续了一个多世纪的哲学危机和"哲学已死"的宣判

其实就是因为这个原因。但是，我们要问：哲学自古以来对最终根据和总体性的追求为何难以为继？一个比较浅薄的回答是经验自然科学的发展使得人们不再相信作为玄学的哲学，哲学难以取信于人。其实，这和自然科学的发展没有太多的关系。根本上是现代性的物质体现摧毁了人们对常道的认同与信仰。马克思对此洞若观火，他在《资本论》中写道："随着机械化和现代工业的诞生……发生了一场在强度和范围上都类似于雪崩的入侵。一切道德和自然、年龄和性别、白天和黑夜的界限都打破了。资本在狂欢。"人们以为自己是自己的主人，实际却被资本支配，就像浮士德以为他能自行其是，实际上却被魔鬼牵着走。这个魔鬼其实不在外部，而在人类内心，是为心魔。哲学危机的根子在现代性，在人类中心论的主体主义哲学。

哲学的任务，也是人类的任务：现代性批判

无论是中国哲学还是西方哲学，它们最初都非常自觉地追求事物的最终根据，追求一个超越的原理，中国人称之为天道；希腊人称之为逻各斯。无论是天道还是逻各斯，共同的特点是不为尧存，不为桀亡。人与它们有根本的关系，但就它们无限、绝对的性质讲，它们在人之外，或它们超越人，因为人是有限的。内在超越的主张在古人

眼里说不通，那是要把有限的人变为无限，这恰恰是主体主义的思路。近代主体主义哲学苦心孤诣，想了很多办法想要证明人的无限和绝对，其中一个就是德国哲学家的办法，把经验主体变成先验主体，以为这样就可以避免人的有限性和偶然性。

但现代哲学和心理学对人非理性属性的揭示，暴露出那种建立在纯理性基础上的主体主义本身可怕的盲区。随着非理性成为哲学思考的焦点，人的有限性、偶然性得到了最终的确认。其实近代哲学家已经看到激情往往胜于理性，柏拉图想让理性控制欲望和激情只是哲学家的一厢情愿。如果人除了自身的要求外再无别的超越原则，那么结果一定是虚无主义。虚无主义是主体主义的必然结果，发明“虚无主义”这个术语的雅各布就已经看到了这一点。虚无主义之可怕，从20世纪开始，就表现得相当充分，在下不表。

目睹现代性的种种问题，西方哲学家从卢梭、黑格尔开始就批判现代性，形成了一个传统。现代性批判至少是二百年来欧陆哲学发展的基本动力和基本主题。然而，西方哲学对现代性的批判，除了极少数人外，往往是以燕伐燕，以现代性原则来反对现代性，结果是反而加强了现代性。黑格尔以后，超越的形而上学追求一蹶不振，20世纪以来，除了少数宗教背景的哲学家外，超越性形而上学的追求在西方哲学中基本绝迹。海德格尔其实是要重建形而上学，他用存在来解释此在，把此在定义为存在，具有重大的意义。但他用时间来使超越和常道相对化，又使得形而上学在他那里最终归于虚无。

当然，现代性仍然是现代西方哲学的主流倾向。英美分析哲学和心灵哲学基本是现代性哲学不说，在欧陆热衷现代性哲学的仍大有人在。胡塞尔现象学、西方马克思主义，以及传统观念论，都是如此（应该指出的是，现代性哲学家也有很多是现代性的严肃批判者。这种吊诡的现象是因为现代性并非严格的教条，它包含多种面相，包含自我批判的机制）。主张现代性的人有许多所持的理由是政治性的，即现代性在人类历史上第一次确立了人的自由、平等、尊严，维护人的权利，建立了民主政治，等等。哈贝马斯便是这方面的突出代表。他认为前现代哲学不可能确立这些原则，只能主张相反的原则，即人的不平等和不公正。然而，随着现代文明的危机日益加剧，现代社会制度的弊端日益显现，人与自然的关系日益至关重要，我们有必要重新审视现代性与人类所面临的重大问题的关系。

尽管西方哲学对现代性的批判不绝如缕，但哲学似乎已经回不到它的传统追求中去了。哈贝马斯形容当代西方哲学为“后形而上学”，也有形而上学已经过去了的意思。如果形而上学已是明日黄花，拿什么来克服现代性和主体主义？当然，现代性之所以仍是当今时代的基本特征（后现代只是现代性的变种，而不是它的超克），不仅仅是哲学的问题，而且有着深刻的哲学外原因（人性和现代制度的逻辑）。所以尽管西方哲学对现代性进行了极为深刻的批判，但还是无法提出一种真正的后现代哲学。也因此，西方哲学正在日益失去活力，变成少数人谋生的手段和无聊的学术游戏。

因为将现代性与现代化混为一谈，所以许多人认为中国只是进入现代才有现代性，中国不能批判现代性，至少现在还不行，因为我们的现代化还没有完成。如果我们把现代性理解为一种思想方式，即将人无限化为绝对，成为一切事物的根据，那么中国的现代性从宋代道学就开始了。在先秦思想家那里，人与天有绝对的分殊，人为天所生，天是人的原因和根据。人绝对不是天，哪怕圣人，也必须尊天行道。逆天而行，是为失道。“吾谁欺？欺天乎？”孔夫子的这句话，说明在他眼里天是一种绝对的力量和存在，人对它只有服从，欺天是不可想象的。可到了宋儒那里，就说出了孔子就是天的话。即便孔子是圣人，也还是人，与天不可同日而语，至少先秦思想家是不会说出这样的话。不过宋明理学家虽然开了以人代天的先河，但他们毕竟还是不敢完全否认天道。

近代以后，中国哲学受到西方哲学的巨大影响（尽管对西方哲学并无多少了解），传统形而上学最先遭到否定，这与西方现代性哲学的进程如出一辙。即便是对传统哲学极为推崇的新儒家，也是如此。最初，熊十力还明确以形而上学追求为宗旨，但他的徒子徒孙，很快以心性哲学的名义来建立中国的主体性哲学。这种哲学不再把天道奉为至高的原则，而是将人的心性等同于天道，对它加以无限化和绝对化。冯友兰和金岳霖都有形而上学的努力，但他们对后人最大的影响恰恰不在他们的形而上学。可以说，在他们之后，形而上学的追求在中国哲学家中几成绝响。这是因为，现代人对中国传统哲学的研究基本是在西方现代性哲学的影响下进行的（以主客体分离为基本思维模式），而且这种影响愈演愈烈，这就使得我们无法真正认识中国哲学的智慧，忘却中国哲学的真正传统，反而会从心里觉得还是西方哲学厉害。在这种情况下，根本不可能产生真正意义上的现代中国哲学。

现代中国哲学的问题其实不仅仅是中国的问题，也是现代性的普遍问题。现代性最大的问题是常道被颠覆了。当人成为唯一的准则时，一切坚固的东西（常道）都烟消云散了。既然原则是人定的，当然就对人没有绝对的约束力，只要人愿意就可以把它们去除。另一方面，现代性又使得世界分裂了，整体不复存在，至少在人的眼里。借用中国的古话说，是道术为天下裂。在这种情况下，追求常道、追求整体统一的哲学，自然不能不面临生存危机。但另一方面，现代性造成的问题是整体性的——人类已经没有了方向，没有了根本的意义，只有随着现代性的逻辑（资本的逻辑、欲望的逻辑，归根结底是毁灭的逻辑）随时起意。这必然使得一切价值都是相对的，虚无主义是现代性的最终结局。既然现代性的问题是整体性的，当然也需要整体性的批判而不是局部的批判。这种整体性批判，照理说只有唯一有整体性追求的哲学才能承担。但哲学的整体性追求，是建立在对整体性的超越的常道的承认基础上的。一旦这种超越性常道被否定，人以自身为裁判，当然会不断按照自己的需要来改变游戏规则。这样，只会有无数的哲学游戏，而不复有哲学。

今天，全世界有良知的哲学家仍然在进行着艰苦卓绝的现代性批判，这种批判同时也是哲学的自我辩护和自我生存保卫战。如果哲学的危机与现代性有关，那么，哲学也只能在现代性批判中重生。而要超克或扬弃现代性，找到自己存在下去的理由，哲学只有重新承认常道，以新的方式为常道辩护和论证。这不仅是哲学的任务，也是人类的任务。

（原载《我们需要什么样的文明》）

异域之眼：德国哲学家与中国哲学家

中国现代哲学深受西方哲学的影响，对现代中国哲学影响最大者，当数德国哲学。中国学哲学者，没有不知道康德、黑格尔的，也没有不知道尼采和海德格尔的，更不用说马克思了。可以说，德国哲学构成了现代中国思想理论话语的重要组成部分。但是，中德哲学的交流从来就不是单向的。早在德国哲学影响中国哲学之前，中国哲学就对德国哲学家产生过影响，而这种影响，一直延续到当代。要说中国人文科学对德国人文科学（Geisteswissenschaften）的影响，首推中国哲学。中国哲学对德国近现代一些重要哲学家，产生过不同程度的影响。德国哲学家对待中国哲学的态度，不但具有文化交流史的意义，也具有世界哲学的意义。

莱布尼茨：作为自然神学的中国哲学

莱布尼茨是他那个时代唯一一个对欧洲与其他文化

的接触有真正兴趣的重要的西方哲学家。在他的《人类理智新论》中，他使用了来自许多其他文化的信息，包括中国。莱布尼茨很早就对中国有兴趣，在从未离开过欧洲的人当中，他是最有中国知识的人之一。1687年，比利时耶稣会士柏应理（Philippe Couplet，1623—1693）在巴黎出版了《中国哲学家孔子》一书，这部书向西方读者介绍了孔子的生平，四书五经的历史、要义，宋代理学家周敦颐、程颢、程颐、朱熹等人的思想，对四书五经的重要注疏，佛老和儒家学说的区别，《易经》六十四卦及卦图之意义。莱布尼茨也在该书出版当年的12月，于一封信中表达了他长期怀有的想看到《中国哲学家孔子》的愿望。虽然有严重错误，但他对儒家思想的解释却在同时代人之上，甚至在传教士之上，尽管只是通过他们，莱布尼茨才了解到中国。根据美国学者孟德魏（David Mungello）的说法，莱布尼茨很可能读过或是熟悉每一部关于中国的重要著作，在他信函中的某些地方，他几乎提到了所有这些书籍。

莱布尼茨的确希望从他与中国文化的接触中得到必要的真理，但他从未将中国思想作为他自己哲学的资源来使用。他对中国哲学的评价不高，认为它缺乏严格的推理。虽然在讲到中国哲学时，他都是在维护它，而不是在与之争辩。但是，莱布尼茨还是有一些反对中国哲学的论证。莱布尼茨对中国哲学的主要看法是，它包含一种自然神学，这是他的哲学与中国哲学的共同基础。因此，他相信他的哲学与中国哲学有某些一致的地方。但这并不是说莱布尼茨把中国哲学的某些东西整合进了他的哲学，因为早在他大量接触中国文化之前，他的哲学已经成熟了。虽然莱布尼茨没有完全避免欧洲中心论的观点。但他始终相信欧洲向中国学习是必要和有益的。

沃尔夫：中国人的实践哲学

莱布尼茨的学生沃尔夫（Christian Wolff，1679—1754）不但继承了他的哲学，也继承了他对中国文化和中国哲学的浓厚兴趣，对中国文化和思想有相当的了解。1721年7月12日，他在哈雷大学发表了《谈谈中国人的实践哲学》的演讲，盛赞中国哲学思想。在他看来，中国人虽然在对事物的认识上有所欠缺，但他们也是理性主义者，中国的哲学著作中有很高的哲理。中国人的目光更多地不是注意理性不完善的方面，而是注意理性完善的一面。这样他们就可以认识自身自然的力量，从而达到自然力量所能让他们达到的高度。中国人十分强调首先必须训练理智，只有这样才能不畏上、不图利地献身于道德。不仔细研究事物的本质和基础，就不可能完全识别善恶。中国人时刻铭记，在改造自身和他人的过程中，不达到至高的完善决不停步，可是至高的完善却又是一个不可抵达的目标。因此，人永远不应当停下脚步，要坚持不懈地努力奋进，只有这样，我们还有他人才能达到较高程度的完善。中国人所有的行为都以自身的和他人的最高完善为最终目的。毋庸讳言，沃尔夫与莱布尼茨一样，是从他的哲学出发来理解中国哲学，但这并不意味着他讲的其实不是中国哲学。他的确抓住了中国哲学的一些鲜明特点，正如他自己说的，他通过深思熟虑得出的见解十分有助于他更好地了解中国人的见解。他承认："中国人的哲学基础同我个人的哲学基础是完全一致的。"

沃尔夫发表演讲之后，哈雷大学神学院的教授们立即开会，对他的演讲提出27条谬误之处，并当场质询，主要反对他认为孔子学说与基督教道德无冲突的观点。学校当局还报告给普鲁士国王腓特烈威廉一世。1723年11月8日，国王下令解除沃尔夫哈雷大学教授职务，并勒令他在48小时之内离开哈雷和普鲁士。然而，迫害和放逐反而使沃尔夫声名鹊起，欧洲学术界出版了200多种著作讨论沃尔夫的学说，瑞典国王、俄国沙皇纷纷向他发出邀请，法国启蒙思想家们把他作为与孔子、基督并列的殉道者。到1739年，威廉一世已有悔意，曾下令普鲁士各大学都讲授沃尔夫哲学。1740年，腓特烈大帝即位后，立即把沃尔夫召回普鲁士，恢复了他在哈雷大学的职务，并另委以宫中顾问和柏林学士院的职位。

在与沃尔夫同时的德国人中，他的学生图宾根的布尔芬加（Georg Bernhard Bilffinger，1693—1750）在沃尔夫发表他的演讲之前，就已经在介绍中国哲学了。他著有《由儒家典籍所见的政治与道德的学说及实例》一书，论及中国政治、道德、哲学和文学，并将中国的儒家学说与欧洲基督教神学和道德进行比较。另一位德国哲学家路德维奇（Carl Gunter ludovici，1707—1778）在其《评论莱布尼茨哲学之全部发展史》一书序言中说："研究莱布尼茨与沃尔夫之世界观，必须研究柏拉图与中国哲学。"

康德：落后而不开化的远东帝国

从18世纪下半叶开始，德国哲学家对中国哲学评价有了根本的变化。中国哲学和中国文化从赞美的对象变成了批判的对象。这种对中国哲学评价的变化，当然不是偶然的，也不能完全用不够了解来解释，也许是出于偏见，也许是出于傲慢，莱布尼茨与沃尔夫那样对中国哲学的热情不再有了。

也许人们会说，此时的德国哲学家由于自己哲学思想的关系而对中国哲学持批判的态度。例如康德强调个人自由的道德哲学与将公益置于首位的儒家道德哲学是格格不入的，所以康德对不强调个人道德意志自由的儒家哲学不会感兴趣。尽管在中国，很多人认为，在西方哲学中，康德哲学是与儒家哲学最契合的。西方学者也有这么认为的。

可是，恰恰是这个可说是当时最渊博、最深刻的德国哲学家，对中国哲学不屑一顾。我们知道，他从未读过中国儒家的文献。令人惊异的是，康德这样的大学者，他的中国知识的来源竟然是当时旅行作家写的读物，以及欧洲各国使领馆大量的充满偏见和肤浅印象的报告。就凭这些资料，他在其“物理地理学”（Physischen Geographie）中对这个所谓落后而不开化的远东帝国给予了几近丑化的描写，丝毫没有掩饰他对这个文化的反感。我们在他的描述中看到的是一幅傲慢的西方人给中国人画的漫画，并非完全虚构，但好话不多，坏话不少，更多是出于传闻与主观想象。如果他能认真阅读中国哲学的原典的话，这位伟大的、深受中国人尊敬与喜爱的德国哲学家，也许会为他对中国的轻率言论感到后悔。

赫尔德的偏见和转变

曾经是康德的学生的赫尔德在他的巨著《人类历史哲学的观念》中同样对中国文化和哲学有严厉的批判。在这部被人视为主张文化多元论和各种文化的独特价值的著作中，赫尔德一反传教士对中国文化的论述与描写，说中国人是蒙古人的后裔，他们的这种起源决定了他们的外表形象和他们的语言文化。中国人缺乏对自然关系的追求，很少有一种内在的宁静、美与尊严的感受，由于政治文化失去了真正的感觉。科学上自由伟大发现的天赋……仿佛已经颓败于自然。中国的教育束缚人的理性、才干和情感，只会削弱国家的力量。这个民族在科学上建树甚微，几千年来停滞不前。中国人的天文学、音乐、诗歌、兵法、绘画和建筑如同千百年前一样，仍旧是他们永恒法令和千古不变的幼稚可笑的政体的孩子。

无论如何，不像康德，赫尔德在写《观念》时已经对中国思想文化有一定的了解，他告诉我们，他从赞美中国人的报告中“一点一点概括出”：中国的道德语言枯燥乏味，中国人高深莫测的思维方式是以象形文字描摹的。中国文字使得这个民族的整个思维方式流露出捉摸不定的、任意的特征。在赫尔德看来，孔子是“一副枷锁”，孔子通过他的政治道德说教把这副枷锁永远强加给了那些愚昧迷信的下层民众和中国的整个国家机构。在这副枷锁的束缚下，中国人以及世界上受孔子思想教育的其他民族仿佛一直停留在幼儿期，因为这种道德学说呆板机械，永远禁锢着人们的思想。总之，中国是一个地球上很闭塞的民族。

但是，在他生命的最后三年，赫尔德对中国思想文化的评价有所改变。1802年，他在自己编的杂志Adrastea上发表了一篇《中华帝国的基督教化》的文章。从这篇文章我们可以看出他对中国文化有了全新的评价。他在这篇文章中对罗马教廷挑起的“礼仪之争”的不幸后果表示不满，称中国是“亚洲最聪明的民族”，中国以友善的方式允许基督教在中国传教，但却由于一场微不足道的争议使得耶稣会士艰苦开创的事业化为泡影。

所谓“礼仪之争”是指17世纪至18世纪西方天主教传教士就中国传统礼仪是否违背天主教义的争议。当时罗马教皇认为中国儒教的皇帝及祖先崇拜违反天主教义，订出若干禁约，要求中国信徒改变祭祀习惯，结果引起中国政府强烈反弹，严厉限制传教士的活动。最后教皇不得不亲自废除所有禁约。赫尔德看到，教皇的禁约势必使传教士有过激举动和对中国表示出敌意，连信教的中国官吏都会受到牵连。

赫尔德盛赞耶稣会士勤奋研究中国语言与文献的努力，那些人为在中国消除礼仪之争做出了贡献。而赫尔德自己现在也开始更为认真投入地钻研中国经典。他研究了中国最重要的一部哲学著作《中庸》的法文译本，并试图把它译成德语；但他最终没有完成这个工作，只译出了一小部分。在生命的最后岁月，他努力研究了中国的思想史，认为中国的哲学，首先在政治道德学说上，应该受到欧洲的欢迎。他同时对莱布尼茨、沃尔夫等前辈对中国的热情有正面的肯定，称赞莱布尼茨在礼仪之争问题上，“始终抱着理智的、公允的和温和的态度”。当赫尔德熟悉了中国的哲学资料后，他终于改变了对中国哲学的态度与评价。

黑格尔：远离“精神”的中国人

虽然黑格尔在许多地方与康德不一致，但在拒绝17—18世纪欧洲理想的中国形象、蔑视中国思想、将其视为一个专制压迫的社会制度的产物这一点上，却是共同的。黑格尔究竟是否读过或熟悉中国哲学和文化的原始资料，尤其是儒家经典，始终是有疑问的。但这并不妨碍他在《哲学史讲演录》和《历史哲学》中对中国哲学展开论述和判断。在《哲学史讲演录》讨论孔子哲学一开始，他特意提到孔子哲学在莱布尼茨的时代很轰动，但是，在他看来，孔子哲学只是一种常识道德，这种常识道德在哪里都找得到，在哪一个民族那里都找得到，西塞罗的《论义务》，都要比孔子所有书的内容更丰富、更好。他甚至说，为了保持孔子的名誉，他的书从来未被翻译可能更好。

他对《易经》同样评价极低，认为虽然它包含中国人的智慧，但一点概念也没有，找不到对于自然力量或精神力量有意义的认识。对于大多数中国人都不容易读懂的《尚书》，他的结论是，在那里“中国人普遍的抽象于是继续变成具体的东西，虽然这只是符合一种外在的次序，并没有包含任何有意义的东西”。他对老子哲学的评价也不高，道家和佛教都把“无”视为一切事物的起源、最后者、最高者。这就是“道”或“理”。但这是最抽象、最无规定的。它只是一种否定，一种以肯定方式说出的否定。

在《历史哲学》中，黑格尔对中国历史文化做了整体的评价，他显然比康德对中国有更多的了解，但对中国的基本看法，并无二致。不过他是从他的哲学来判断中国历史文化的，确切地说，从所谓主观性的精神原则来判断中国文化。他在中国找不到主观性原则，因此，个人自由在中国是不存在的。普遍意志直接命令个人该干什么，个人只有服从。家庭关系是中国道德的基础，人们像孩童一样不敢越出家族的伦理原则，也不能自行取得独立的和公民的自由。在中国，除了皇帝外，没有特殊阶级和贵族，人人平等，但只有胜任者才能参与行政管理。这使得其他国家往往把中国作为一个理想。但是，在中国只有平等，没有自由。因此，政府形式必然是专制主义。虽然一切人在皇帝面前平等，但大家一样是卑微的。中国人既然没有荣誉心，人与人之间又没有一种个人的权利，自贬自抑的意识就极其通行，这种意识又很容易变为极度的自暴自弃。在家族制度下，宗教造诣只是简单的德性和性善。因为中国个人没有独立性，所以在宗教方面他也是依赖的，依赖自然物和物质的上帝。中国的科学缺乏主体性，以实用目的为主，中国人没有真正的科学兴趣。因为没有真正的科学兴趣，中国人也就没有发展更好的工具来表达和交流思想。中国哲学的基本原则是理性，即道。它是天地之本，万物之源。孔子的著作中包含很多正确的道德箴言，但也都是老生常谈。最后他得出结论，凡是属于“精神”的一切——绝对没有束缚的伦常、道德、情绪、内在的宗教、科学和真正的艺术，都离中国人很远。

黑格尔对中国的描述不是完全不实，但的确充满了欧洲中心论的骄傲和偏见。这个在其哲学中始终要扬弃二元对立的辩证法大师，却是用典型的现代性的二元对立模式——个人与群体、自由与奴役、专制与民主、主体与客体——来理解中国历史文化。中国哲学只是西方哲学的一个不对等的他者，一个“就是卖身为奴、吃口奴隶的苦饭也不以为可怕”的人产生的低等哲学。

谢林：一个优越的德国观念论者眼中的中国哲学

比起黑格尔，谢林对中国哲学与文化的了解显然更多，虽然他可能主要还是从当时传教士和汉学家的研究中了解中国文化和哲学，但他很可能读过一些中国哲学原典的法语译本，可他同样对中国哲学十分蔑视，他对中国思想文化的论述许多与黑格尔相似。谢林晚年在柏林大学关于神话学的课上谈到中国。在他看来，中国人完全没有宗教原则，是一个绝对没有神话的民族。中国意识是僵死的，也不再是史前状态本身的意识，而是一块没有生气的化石，有如史前状态的一具木乃伊。中国的古老是固定不变的古老，中国人的意识只知道绝对的一。对于中国人来说，国家即一切，除了国家外，他们不知何为科学，何为宗教，也不知什么道德学说。

谢林把孔子学说看作一种宗教形态，而非哲学。孔子著作论述的内容只是中华帝国的原初基础，此外别无他物。其内容既不是佛教的宇宙进化论，也不是老子意义上的形而上学，而只是关于生活和国家的实践智慧。谢林对老子的评价比对孔子要高。在他看来，“与孔子的政治道德完全不同，老子的学说是真正思辨的”。老子研究的是存在最深层的问题。他反对黑格尔把“道”理解为“理性”（Vernunft），认为“道”的意思是“门”（Porte），道家学说是通往存在之门的学说；是关于无（即纯粹的能在）的学说；通过无，一切有限的存在变成现实的存在。生活的最高艺术和智慧就在于把握住这种纯粹的能在，它既是无，但同时又是无所不是。谢林显然在《道德经》中读出了他自己的哲学。但道家哲学在他眼里不是“一个周详完备的体系”。释迦牟尼只在如下这一点上与老子是一致的，这就是：无先于存在并且在存在之上；在这两种情况下它都摆脱了存在而作为纯粹的威力和潜能出现。老子的学说重在起始，因而主要是思辨的；而释迦牟尼的学说着眼于末世，着眼于超越存在。佛教在中国是神秘主义的顶峰，它意味着主客体的湮灭。

我们可以看到，谢林对于中国哲学的评价同样是否定的，他同样是从德国观念论的优越眼光来观察中国哲学，显然并不像他17世纪的前辈莱布尼茨那样，认为可以从中国哲学中学到智慧、中西哲学的互动是有益的。德国观念论者不再准备当不同文化的对话者，而是要扮演其他文化的审判者。而审判的结果，总是被审判的他者的不及格。

叔本华与佛教

叔本华对待中国哲学的态度有明显不同，这种不同，不仅仅是由于他的思想受到印度古代智慧，尤其是《奥义书》的影响，更在于他对于西方文化传统有了一定的反思。他对中国思想的主要兴趣是佛学，对道家思想也有些兴趣，因为他认为，道家思想与佛教学说有密切关系。至于儒家思想，叔本华的评价非常低。他晚年在一篇题为《汉学》的文章中，写下了他对中国哲学的看法。叔本华首先提到道家。他认为道家是一种理性的学说，理性是内在的世界秩序，或万物内在的原则，是太一，是崇高的太极，它承载着一切，在它之上是无所不在的世界灵魂和道，道即路，它通向幸福，脱离世界及其痛苦。与之相比，学者和政治家特别有好感的孔子的智慧，根据翻译来判断，宽泛、空洞，多数只是政治道德哲学，没有形而上学的支持，特别乏味和无聊。

叔本华关于儒家的看法就这些。他的兴趣主要在佛陀的学说，不仅因为它内在的卓越和真理，而且也因为它压倒性的信众数量，因为得把它看作地球上最高贵的宗教。叔本华如此高度评价佛教，固然是因为他在这方面的确渊博，他读过许多佛教的文献；也因为佛教没有国家支持，靠自己的力量来维持。

叔本华这篇文章的主要意图是要指出17、18世纪耶稣会士的错误。在他们努力要得到中国宗教的知识时，他们总是试图用他们自己的学说和思想去理解古代中国人的心灵，他们以为只要有庙宇和修道院与教士的地方就一定会有有神论。其实欧洲的宗教观念，更不用说表达它们的词语，是中国没有的。欧洲人很难理解中国信仰的意义，因为东西方对存在的理解是不一样的。叔本华最终放弃了对待中国哲学和宗教的欧洲中心论态度，承认中国思想的特殊性。叔本华以大量的阅读来证明中国哲学完全没有与西方相似的上帝概念，也许不是为了表明中国哲学的不够格，而是要承认一个西方哲学的他者自身的特征。

20世纪德国哲学家：平等对话之路

进入20世纪，随着现代性危机的日益暴露，西方哲学家，尤其是德国哲学家对西方思想传统的批判越来越深入，同时，对中国哲学的态度也有明显的改变，即更多以理解和欣赏的态度对中国哲学做出大体正面的评价，同时，也日益觉得了解中国哲学、与中国哲学对话，是有益的。但也并非所有德国哲学家都是如此，例如，胡塞尔在其20世纪30年代的著作中就用理性来区分西方和印度与中国哲学，他认为只有欧洲才有真正的、以绝对真理为目的的理性，而印度与中国只有“准哲学的”理性，所以哲学是欧洲特有的产物。

与此相反，舍勒和雅斯贝尔斯都明确提出“世界哲学”的概念。在雅斯贝尔斯看来，世界哲学是欧洲哲学的出路：“我们正走在通过我们时代的暮色从欧洲哲学的晚霞走向世界哲学的朝霞的路上。”根据他自己的回忆，在1937年他提出哲学逻辑思想的同时，提出了世界哲学史的计划。他的朋友，印度学家亨里希·齐默尔在移民国外时提前带给他许多中国和印度的文献与书籍。他一下子就被中国哲学迷住了，投入到对中国哲学的研究之中。他说，他精神上喜欢逗留在中国，感到那里有人类存在的共同起源，可以对抗他周围的野蛮。他对中国的人道表示热爱和赞叹。当他在20世纪30年代研究了中国哲学和印度哲学后，他首次从西方哲学外部看到了西方哲学的局限。他对中国哲学（孔子和老子）有高度评价，认为他们共同创造了人类文明的起源。

马丁·布伯的哲学倡导对话，而他自己也是与中国哲学进行真正对话的楷模。他主要的中国哲学的对话者是伟大的道家哲学家老子和庄子。他深入研究过道家哲学，并将《庄子》从英文译为德文。布伯对老庄思想的阐释极为精深，虽然不可避免有西方思想的因素在其中，但还是揭示了老庄哲学某些最精微的地方，可以说言人之所未言，每个中国研究者都可以从他的阐释中得到有益的启发。布伯特别喜欢老子的无为思想，他认为无为代表了中国的智慧，这种智慧对于克服现代西方人一味追求权力与成功的偏向、保持自我不致丧失于空虚的成功中，是大有裨益的。中国哲学对于布伯来说，是人类最宝贵的智慧之一，而不仅仅是一个单纯知识研究的对象，更不是衬托西方哲学优越的一个低微的他者。

至于海德格尔，中国哲学在他那里已经不仅仅是一个被评价的对象，而是与西方哲学的传统一道，成为他思想的重要资源。与许多德国哲学家一样，海德格尔对儒家哲学不感兴趣，却被道家哲学深深吸引。他曾反复阅读布伯翻译的《庄子》。根据皮泽特的回忆，1930年，他在不来梅演讲《论真理的本质》，在随后讨论“一个人是否可以将自己置于他者的立场上”时，他拿起布伯版的《庄子》，读起了其中著名的“濠梁之辩”，庄子在回答同伴质疑他不能知道鱼的快乐时，回答说，你不是我，怎么知道我不是鱼？海德格尔读完这一段后，自如引用《存在与时间》中关于共在的论述来解释这个问题。海德格尔没有完全接受庄子的思想，而是把他作为了一个对话的他者。

海德格尔曾经在一个中国学者的帮助下翻译过《老

子》，虽然这个翻译没有完成，但却是在他生命的一个关键时刻进行的，具有格外重要的意义。波格勒就认为，“海德格尔翻译《老子》的努力，构成了他思想道路上的一个重要步骤”。“这种使西方思想的开端面对东方传统伟大的开端之一的努力，在一种批判性的位置上改变了海德格尔的语言，并赋予他的思想一个崭新的方向。”海德格尔曾在三篇文章和演讲、三封书信及一份初稿中七次引用过《道德经》中五个篇章的诗句。可以说，老子哲学帮助海德格尔打开了一个新的思想维度。

在布伯与海德格尔那里，我们发现了德国哲学家对中国哲学的真正接受。这种真正接受为中德哲学的平等对话打开了一条道路。从德国哲学中获益良多的中国哲学家期待这种有益的对话在我们这个世纪能够继续下去。

（原载《我们需要什么样的文明》）

海德格尔：在哲学与政治之间

海德格尔和纳粹的关系问题，亦即海德格尔公案，一直是海德格尔研究的一个热门话题。早在20世纪60年代，德国学者Paul Huehnerfeld和 Guido Schneeberger就已经出版著作揭露了海德格尔与纳粹的关系。[①]最近十几年，尤其是1987年智利人法里亚斯发表了《海德格尔和纳粹》一书后，这个问题更是成了海德格尔研究的一个主要课题。1989年德国洪堡基金会在波恩举办的纪念海德格尔诞生100周年国际学术研讨会就专门分出一个部分讨论海德格尔与政治的问题。随着时间的推移，人们对这个问题的兴趣越来越浓厚，而非越来越冷淡，说明这不是一个可以轻易得到答案的问题。这个问题之所以不简单，是因为它不只是如何评价一个大哲学家的政治行为的问题，而是也暴露了更为复杂，且一直未得到足够重视的哲学和政治的关系问题。

① 见Paul Huehnerfeld: In Sachen Heidegger, Hamburg: Hoffman&Campe，1961；Guido Schneeberger: Nachlese zu Heidegger, Bern: Suhr, 1962。

海德格尔公案

在一个资讯开放的社会，要弄清海德格尔和纳粹关系的事实并非难事，何况此事就发生在当代。困难在于人们对这些事实如何判断和下结论。单就那些现在已经坐实了的事实看，海德格尔充其量也就是盟军当局1949年取消对他的管制时所下的结论：“随大流者”（Mitlaeufer）。像入纳粹党，并交党费直到1945年，在校长任上和当局妥协与合作，说些支持纳粹的话之类，都只能算是随大流，任何有在集权制度下生活经验的人都会明白这一点。而诸如对胡塞尔的态度，和一度因雅斯贝尔斯的妻子是犹太人而冷淡他，这些主要是社会大环境使然。想想“文革”中有多少人和自己的亲人划清界限，就不难理解。当然也有海德格尔个人品格的问题，但专制社会使人道德堕落早已为20世纪的人类经验所证明。海德格尔在纳粹统治期间对待犹太人的某些态度充其量也只能说是不正常的社会政治环境使他失去了道德良知。说海德格尔是个反犹主义者，无论如何是证据不足的。但不管怎样，海德格尔一度与纳粹合作是个事实，他自己也在1950年给雅斯贝尔斯的信中承认这是“不可原谅的”。

但问题远未到此结束。海德格尔战后一直对奥斯维辛和大屠杀保持沉默，让许多人觉得“是可忍，孰不可忍”。这再清楚不过地表明了海德格尔“死不改悔”的纳粹态度。更有不少人从《存在与时间》《校长就职演说》《形而上学导论》中发现，海德格尔不仅在行动上，而且在思想上就一直是纳粹。甚至得出海德格尔的哲学就是纳粹哲学的结论。然而，海德格尔作为20世纪最伟大的哲学家之一的地位是举世公认的。因此，上述极端的结论并不为多数人所接受。

但是，却有不少人认为，海德格尔的哲学虽不能称为纳粹哲学，但基本倾向中却有不少东西是与纳粹思想合拍的。也就是说，海德格尔哲学的基本倾向中含有浓厚的纳粹思想因素。但这又如何解释他的思想对20世纪人类思想产生和正在产生越来越大的影响这一基本事实？哪怕是最激烈反对海德格尔的人，也无法否认这一事实。例如，哈贝马斯就认为施奈德巴赫在《德国哲学1831—1933》中所说“当代哲学……决定性地由路德维希·维特根斯坦的《逻辑哲学论》（1921）、乔治·卢卡奇的《历史与阶级意识》（1923）以及马丁·海德格尔的《存在与时间》（1926）所形成”是“正确的”[①]。

正因为海德格尔思想对于西方文明尤其是对于当代

① J. Habermas, Work and Weltschauung: The Heidegger Controversy from a German Perspective, in New Conservatism, ed.&trans. by Shierry Weber Nicholsen, Cambridge, Mass: The MIT Press, 1990, p. 142.

西方文明的危机和当代人类生存经验具有无与伦比的洞察力和批判力，许多喜欢海德格尔哲学的人不免爱屋及乌，不仅对海德格尔哲学某些方面与纳粹意识形态有相似或相近之处的说法嗤之以鼻，不仅要为海德格尔与纳粹有关的行为开脱，甚至还要给海德格尔戴上一顶“抵抗者”的桂冠。这与将海德格尔打成“法西斯”一样有点离谱。尽管可以肯定地说，虽然海德格尔一度对纳粹有过不切实际的幻想，但他很快认清了纳粹的本质，并开始对纳粹意识形态进行哲学的批判，这是有案可稽的。但他与纳粹一度合作，以及他对纳粹运动有过的热情，即使是短暂的，也是同样有案可稽的。说海德格尔是个“抵抗者”，不免其词过甚。

综上所述，海德格尔公案并非像看上去那么简单。它不仅牵涉到对海德格尔人品和行为的评价，也牵涉到对他哲学思想的评价，以及这两者之间的关系。对于海德格尔公案，人们基本有三种态度。第一种是全盘否定的态度。持这种态度的人认为海德格尔从思想到行为，彻头彻尾就是一个纳粹分子。可是，持这种态度的人基本上拿不出足够准确无误的证据来支持他们的观点。相反，却往往牵强附会、望文生义，或道听途说、胡乱推理，很难经得起事实与逻辑的推敲。持这种观点的人大都对海德格尔的哲学不甚了解，经常断章取义地下结论。像法里亚斯，德里达说他“对海德格尔文本的阅读，如果真有的话，那是十分不足或很成问题的，在不少时候其理解力差到令人怀疑这个调查者是否一个多小时前才开始阅读海德格尔的作品”[①]。持这种观点的人往往以一个起诉人的姿态在做有罪推定，似乎一切罪名早已成立，只要宣判便可。更让人无法接受的是对海德格尔哲学一笔抹杀，全盘否定，似乎只要海德格尔是纳粹，他的哲学便是充满纳粹气味的垃圾。

第二种态度是全盘肯定的态度，不仅对海德格尔的哲学全盘肯定，而且对海德格尔的人和行为也全盘肯定。但是，这种不顾事实或者歪曲事实的全盘肯定，并不能给海德格尔研究带来任何有益的东西，却会影响人们对海德格尔思想的深入了解和把握。知人论世，海德格尔和任何其他人一样，属于他的时代。对海德格尔其人及其思想实事求是的研究，会使我们对海德格尔有更深刻的理解和领悟。相反，刻意掩盖或歪曲海德格尔思想和行为的任何方面，同样有损海德格尔研究。哲学的生命在于自我批判，海德格尔及其哲学同样没有免于批判的特权。思想的巨大价值并不表明行为必然正确。行为与思想之间并不存在机械的因果联系。

因此，第三种态度，即将海德格尔的思想和行为区别对待的态度，是为更多人接受的一种态度。一般人们会认为，不能以人废言，人与思想是可以、也应该分开的。正如利奥塔所言：“我们必须同时坚持这两种断言——即其思想的伟大性和其‘政治’的可反对性——而不必根据

① 德里达：《海德格尔,哲学家的地狱》,《一种疯狂守护者思想》，何佩群译，上海人民出版社，1997年，第197页。

这种推断，即如果海德格尔是一个伟大的思想家的话，那么他就不可能是个纳粹，或者如果他是个纳粹的话，他就不可能是一个伟大的思想家，来认定如果其中一个是正确的，另一个就是错误的。”[①]对于持这种观点的人来说，搞清并批判海德格尔的政治行为是一回事，正确客观地评价他的哲学是另一回事。“搞清海德格尔的政治行为不能、也不应为全面藐视他思想的目的服务。”[②]这种观点听上去似乎很有道理，但进一步思考的话就不见得了。

哲学家的思想真的和他的人格毫无关系吗？思想当然有其独立性，但我们很难说思想家的人品对思想的产生没有任何影响，思想不带有作者任何主观的烙印。否则思想不成了可以批量生产的东西了吗？其次海德格尔公案之所以引起人们持久的兴趣，正因为他是一个极富原创性、有巨大影响的哲学家。正如海德格尔自己令人信服地说的那样，艺术家先于，或离开他的作品就不是艺术家，相反，是艺术作品使它的创造者成为艺术家。这同样也适用于哲学家。离开他的哲学，或在他的哲学之外来看，海德格尔只是千百万盲目追随纳粹政权，试图与纳粹政权相安无事的德国小资产阶级之一，他做过的事根本不会引起人们的

---

① Jean-Francois Lyotard: Heidegger and “the jews”: A Conference in Vienna and Freiburg, in Political Writings, trans. By Bill Readings with Kevin Paul Geiman,London: UCL Press, 1993, p.138.

② Habermas, Work and Weltschauung: The Heidegger Controversy from a German Perspective in New Conservatism, p.141.

兴趣。法国哲学家拉库-拉巴尔特一针见血地指出："海德格尔的'哲学'，或者说他的思在何处，如果不在他的文本中？这里的问题是：海德格尔的思，还是别的什么？如果有一个'海德格尔'公案（cas Heidegger）的话——（据我所知）它不能归为任何'反人类罪'，即使他沉默的牵连是可怕的——是因为有'海德格尔之思'。"①

这就是说，在追究海德格尔这样的大哲学家的政治行为时，我们无法、也不能将他的思想与他的行为完全分开。而且，也的确有足够的证据表明，海德格尔的思想与他的行为之间有着种种复杂的关系，虽然不是思想指导行为这样简单的因果关系。以研究"海德格尔的思想道路"而出名的德国哲学家潘格勒在仔细研究了海德格尔的心路历程后不禁问道："难道不是由于他思的某种倾向，海德格尔——不只是偶然地——陷入与纳粹接近，并从未真正走出这种接近？"实际上，在讨论和研究"海德格尔公案"时我们不可能完全脱离他的思想，即使是极力主张在讨论此公案时将人与思想分开的哈贝马斯，自己在实践中也恰恰采取了相反的态度。②

所有这些表明，对待海德格尔公案的第三种态度也并不像看上去那么有理。它在实践中的困难似乎使人们在

---

① 转引自Fred Dallmayr: The Other Heidegger, Ithaca and London, University, 1993, p.17。

② 参见Habermas, Work and Weltschauung: The Heidegger Controversy from a German Perspective, in New Conservatism, pp.140-172。

讨论海德格尔公案时陷入了一个无法摆脱的两难：坚持将海德格尔思想与人统一起来考虑似乎必然导致不是全面否定，就是全盘肯定，并必然要抹杀或歪曲一部分事实。而要将海德格尔的思想和行为完全分开，不是无法令人信服地说明他的行为，就是无法完全将这一做法贯彻到底。当然，似乎还可以有折中的做法，就是像潘格勒和哈贝马斯那样，既肯定海德格尔思想的划时代性，又指出他思想中某些因素与他政治行为的内在联系。这种做法虽有相当的合理性，但在逻辑上有些冒险。如果海德格尔的政治行为可以用他的哲学观点和思想来解释，那么无疑，要否定他的政治行为必先否定他的哲学。这也正是持第一种观点的人所持的逻辑。当然，潘格勒和哈贝马斯辈完全可以说，没有必要在倒洗澡水时把孩子一起倒掉。我们完全可以区分海德格尔思想中积极正面的因素和消极负面的因素，正是后者要对海德格尔的政治态度和政治行为负责。

但问题没有这么简单。事实上，海德格尔一生的政治态度就像他一生的哲学追求一样，基本未变。他宁愿承受巨大的政治压力和道德压力而对纳粹暴行三缄其口就是一个明证。同时，他对纳粹本质的批判并未从战后才开始。纳粹对他始终存有戒心也并未看错人。这两个基本事实绝不能用诸如“海德格尔的哲学本身就是复杂的”之类的话对付过去。种种研究表明，现代西方文明的危机对于海德格尔思想的形成起了巨大的作用。根据潘格勒的研究，海德格尔个人在1917年陷入的宗教危机和1929年的政治危机是海德格尔思想道路上的两个关节点。尤其是1929年世界经济危机和魏玛共和国的没落所产生的政治危机，对他的哲学思想产生了重要的影响。如果是这样的话，哲学思想和政治态度之间就绝不只是单向的机械因果关系。海德格尔的政治行为无法完全用他的哲学思想来说明，反之亦然。

我们在面对海德格尔公案时所遇到的这些难题表明，海德格尔与纳粹的关系既不是单纯的政治问题，也不是单纯的哲学问题，因此，它既不能用简单的道德审判了事，也不能以纯粹的思想分析来了结，更不能意气用事，从理论党派的立场或意识形态立场全盘维护或否定海德格尔。海德格尔公案所蕴含的问题，远比知人论世、思想与行动的关系、意识形态或道德宣判等老生常谈要复杂得多。我们在处理海德格尔公案时面对的两难，实际上是哲学与政治的巨大张力所致。这个问题在西方哲学中始终未得到足够的重视。海德格尔公案给我们提供了一个审视这个问题的机会。同时，从这个视角出发，我们对此公案会有更深一层的认识。

以哲学的方式卷入政治

20世纪残酷的历史，使西方传统中哲学和政治脱节的问题以前所未有的程度暴露了出来，1933年，正当汉娜·阿伦特及其犹太同胞流亡国外或处于危险中时，她的老师兼情人海德格尔却与纳粹当局合作。但是，从西方历史上看，海德格尔不是唯一一个容忍暴政的大哲学家。柏拉图对民主的敌意众所周知。这使得阿伦特不能不反思哲学与政治，更宽泛地说，思想与行动的关系。她认为，西方政治哲学从柏拉图起就给人一种系统的关于政治的本质与可能性的误导印象。哲学起于对世界现象的“惊异”，而政治哲学则始终是哲学的“非亲生子”，从未得到过哲学的青睐。从雅典人审判苏格拉底时起，政治哲学就不是建立在真正的政治经验基础上，而是建立在哲学的思考上。哲学家孤独地思考，当他从反思中走出来时，却不得不和他并不了解的世界打交道。也就是说，政治哲学是从哲学家的观点，而不是从政治行动者的观点来看政治的。

在阿伦特看来，这产生了很多不幸的后果。首先，政治的地位被降低，失去了它的尊严。在哲学家看来，政治无论如何只能是达到一个目的的手段，而不是本身就是善的东西。另一方面，从柏拉图开始，哲学家就致力于寻找一个单一的、永恒的真理。这样，一个统治者，而不是众多政治行动者的观念，自然更合哲学家的口味。从政治上说，这种观点的一个大缺点是它隐含了可能失去对人类多样性的理解，看不到这样的事实：“许多人，而不是人类（Man）在地球上生活，在世界上居住。”[①]而且哲学家

① Hannah Arendt: Human Condition, Chicago: University of Chicago Press, p.7.

们不太关心行动自由。他们自以为掌握真理，不是寻求去说服大众，而是用种种方法来迫使他们就范。同时，他们把关键的自由概念解释成一种私人或内在状况，而不是在公共世界中的行动自由，这就使得真正理解政治根本不可能。

尽管阿伦特对西方传统、对哲学和政治的理解的阐释，人们可能有争议，但肯定不无道理。马克思在著名的《关于费尔巴哈的提纲》中也曾说过："哲学家们只是用不同的方式解释世界，而问题在于改变世界。"①显然，马克思也同样看到了西方传统中哲学与政治的脱节。这种脱节显然是西方形而上学传统的典型症状。

虽然海德格尔是这一传统最深刻、最彻底和最有力的批判者，但在哲学与政治的关系问题上他仍未摆脱这一传统。阿伦特1946年在美国《党派评论》杂志上发表了一篇题为《什么是生存哲学》的文章。②在这篇文章中她把海德格尔的哲学同她另一位老师雅斯贝尔斯的哲学做了比较。她说海德格尔的哲学是"自我主义"（egoism），而雅斯贝尔斯的哲学则强调交往和对他人开放。她并且表示，雅斯贝尔斯的哲学不仅更有人情味，在哲学上也比海德格尔哲学更先进。至于在政治上就更不用说，雅斯贝尔

① 马克思：《关于费尔巴哈的提纲》，《马克思恩格斯选集》第1卷，人民出版社，1972年，第19页。

② Hannah Arendt, What is Eristenz Philosophy? Partisan Review(8), winter, p.13.

斯始终是纳粹的反对者。

这个对比意味着在阿伦特看来，哲学和政治、思想和政治、思想和行动应该是和谐的。而且也曾经有过和谐。这就是在苏格拉底死前的雅典。阿伦特指出，古希腊政治是通过逻各斯来的。逻各斯的意思是言谈和思想。通过逻各斯来的政治，就是在公民无尽的交谈中，行动揭示思想，而思想本身又使相互说服的公民的行动充满活力。[①]在这种建立在言谈和思想与行动统一基础上的政治中，人的多样性和自由得到了充分发挥。相反，一旦行动和思想相互分手，每一个都容易退化为否定多样性和自由的强迫。行动会退化为无言的暴力，思想则退化为一种单行道的逻辑推理，它同样对人类多样性和自发性抱有敌意。

阿伦特认为，苏格拉底的哲学之思就是从雅典的公共言论政治中产生的，这是一种不脱离和反对政治的思，本身就是在公共世界的他人中运作的事物。每个人都有他的观点，有多少不同的人从不同角度看世界，就会有多少不同的观点。但柏拉图后来却要用单一的真理来代替多样的观点。苏格拉底没有这种想法。他所要做的只是鼓励每个人说出自己的观点。苏格拉底不是要发现一个权威的道理，来使讨论得出结论，而是把朋友间关于他们共同世界的交谈看作本身就是有价值的活动："苏格拉底似乎相信，哲学家的政治作用就是帮助建立这种共同世界，建立

① Hannah Arendt: Human Condition, p.27.

在友谊的理解上，友谊是不需要统治的。”[①]

苏格拉底之死不仅使柏拉图对政治心怀敌意，而且也使他怀疑他老师整个的哲学进路。从苏格拉底的审判来看，和大众谈话是徒劳的。因此，柏拉图现在不是要说服他们，而是要以一个绝对真理来反对他们的观点，这个绝对真理只出现在哲学家孤独的思想中。这个绝对真理必须强加于他们，不管是用逻辑的力量来强迫他们，还是用在未来生活中天意的惩罚来威胁他们。[②]

虽然海德格尔是柏拉图及由其开始的形而上学传统的激烈批判者，但他那哲学家对待政治居高临下的轻蔑态度，却使人们不由得想起柏拉图。海德格尔在很多意义上都可说是一个纯粹的哲学家，或者说是哲学家的哲学家。众所周知，存在问题是西方哲学，或西方形而上学最基本、最主要的问题。海德格尔从一开始就赋予存在问题以绝对的优先性，他一生关注的问题都可以归结为存在的问题。他晚年一再重申他对存在问题的探究始终未变。因此，与几乎所有其他西方大哲学家不同，严格讲起来，海德格尔的哲学只有存在论，他虽然写了《艺术作品的本源》这样的著作，却并不是要阐述他的艺术哲学或美学思想。同样，在讨论语言问题时，也不认为这是语言哲学。

---

① Hannah Arendt, Philosophy and Politics, Social Research, Vol. 57, No. 1, spring 1990, p.84.

② Hannah Arendt, Between Past and Future, Penguin Books, 1968, pp. 107-116.

至于被问到何时写一部伦理学著作，他十几年以后的回答是："我们还远未足够明确地思考行为的本质。"[①]而行为的本质在他看来根本上是存在之思。[②]

这当然不是说海德格尔丝毫没有现实关怀，丝毫不关心别的问题，而只是说他始终是从一个哲学家的眼光，始终是从他的哲学观点来看待一切重要问题的。但是，他的哲学虽然在对西方形而上学传统的批判上、在对现代西方文明危机的诊断上，具有无与伦比的洞察力和穿透力，但始终是在存在论的层面上，而不是在实在论（ontic）的意义上谈问题。这不可避免地给他的哲学和他对事物的观察带来一定的限制。

例如，他在其成名作《存在与时间》中第一次将时间引入存在论，从时间经验，首先是具体个别人生存的历史经验的境域来解释存在的形而上学问题，这样，一方面将胡塞尔的现象学方法改造成他自己的释义学方法，另一方面又破天荒地把近代以来德国唯心主义的先验自我改造成历史地在世的此在的生命筹划。这就为克服西方传统的意识哲学迈出了根本的一步。但是，海德格尔的此在分析始终集中在此在不变的结构上，而对于同在（Mitsein）却只给了一个派生的地位。哈贝马斯因此说，"海德格尔从一

---

① Martin Heidegger: Briefuber den Humanismus, Wegmarken, Frankfurt amMain: Vittorio Klostermann, 1978, S. 311.

② 参看张汝伦：《历史与实践》，上海人民出版社，1996年，第171—181页。

开始就切断了从历史性到真实历史的道路”[①]。

这不是由于海德格尔当时还未完全摆脱先验哲学的残余所致，而是由于海德格尔根本的哲学倾向。他虽然不像柏拉图那样，要求由哲学家来统治世界，相反，甚至在晚年他也大谈“哲学的终结”，但哲学家在他心目中始终有一个特殊的地位。既然存在论问题具有对其他一切问题的优先性，那么以存在论问题为己任的哲学家当然也就有某种精神的特权和优越性。哲学家及其同类人——诗人在他的思想发展中地位越来越突出，就证明了这一点。哲学家也许不一定是“王”，但却可以“领导领袖”，可以在国家社会主义的发展中引起一种“精神的变化”[②]。雅斯贝尔斯说这是海德格尔政治上的极度天真和他过于自负。[③]实际上是他作为哲学家过于自信。潘格勒认为海德格尔1933年在政治上失足就是由于他轻视政治领域的独特性。

尽管如此，海德格尔毕竟无法脱离现实、脱离政治。相反，他对现实的危机，包括政治危机是很敏感的。正是这份对现实危机的关怀，使他一度接近纳粹，对纳粹抱有希望，并与纳粹合作。但这并不意味着他直接从事政

① Habermas, Work and Weltschauung: The Heidegger Controversy from a German Perspective in New Conservatism, p.147.

② Frank H.W.Edler, Philosophy, Language and Politics: Heidegger’s Attempt to Seal the Language of the Revolution in 1933-1934, Social Research, Vol.57, No.1, spring 1990, p.148.

③ Fred Dallmayr, The Other Heidegger, p.25.

治活动，或放弃哲学，进入政治领域。即使在那时他也是站在哲学的立场上看待现实问题。如潘格勒所指出的：海德格尔始终“企图哲学地回答第一次世界大战揭示的欧洲危机。在海德格尔看来，战争意味着无意义的欧洲自我摧毁，由这个事实引起，即不是试图创造性地解决它们的问题，而是欧洲民族国家将它们自己投入到外在的为世界统治而斗争中去”[①]。

在海德格尔看来，欧洲危机的根源在于它在精神上陷入了它自己所产生和传播的虚无主义。问题是欧洲能否找到内在的解毒剂来对抗可见的衰败。在追求这个目标时，他赋予“德国人”或“德国人民”（这里不应在种族意义上来理解这两个词）一个关键的作用。理由如下：德国在欧洲中心的位置；它自己促成了近代虚无主义和发展了“权力意志”；德国文化与希腊文化间有一种亲和性。德国人，或者说日耳曼民族对于欧洲乃至西方文化的这种使命感，从荷尔德林就开始了。[②]只是随着第一次世界大战的爆发在德国知识分子中更流行了。海德格尔在这个问题上并非首倡者，他的特殊之处在于将这种对危机的回答与解决完全归结为哲学的、精神的问题。

1927年底，海德格尔和谢勒有过一次聚会。他们都

① 转引自Fred Dallmayr: The Other Heidegger, p.25。

② Frank H.W.Edler, Philosophy, Language and Politics: Heidegger’s Attempt to Seal the Language of the Revolution in 1933-1934, Social Research, Vol.57, No.1, pp.207-220.

看到，从第一次世界大战以来，德国在经历一个革命的过程。他们都希望德国精神的再生，都认为学院哲学的情况是没有希望了，认为“冒险再次进入真正的形而上学，即从基础出发发展形而上学”①的时机已经成熟。但海德格尔认为谢勒太乐观，以为自己已经找到了解决办法。而他认为“我们甚至还没有彻底地提出和发展问题。我的根本意图是提出和阐发问题，整个西方传统在其根本上就将集中在一个基本问题的简单性上”②，这个问题毫无疑问就是存在论问题，一个最哲学的问题。

即使是在他与政治靠得最近的时候，即1930—1933年，海德格尔事实上也没有离开这条思路。他的关注点仍然是在精神层面，而不是在现实的政治问题。在他看来法西斯主义和共产主义及民主制一样，都是权力意志的体现。只不过他认为可以通过它引起一种“精神的变化”，而将它变为欧洲文化复兴的工具。被人诟病最多的《校长就职演说》那独特的思路和言辞，恰好证明了海德格尔对待现实政治的特殊态度。从表面上看，海德格尔也挪用了一些纳粹意识形态的流行术语，但实际上根本是在说他自己的思想，而非鼓吹纳粹意识形态。不少西方学者都已指出这点。例如，G.尼科尔生在其研究海德格尔《校长

① Martin Heidegger: Metaphisische An fangsgrund der Logik im Ausgang von Leibniz, Gesamtausgabe Bd. 26, Frankfurt am Main, Vittorio Klostermann, 1878, S.165.

② 同上。

就职演说》的文章中就指出，海德格尔挪用像Kampf（斗争）、Arbeit（工作）、Gemeinschaft（共同体）、Volk（人民）、Entscheidung（决定）、Aufbruch（觉醒）、Fuhrer-schaft（领导）这些流行的纳粹意识形态术语讲他的哲学，是为了重新下定义和改变它们的意义。[①]例如，Volk这个词的生物学意义就由此从属于它的历史意义了。[②]难怪在海德格尔演讲完之后，出席其就职仪式的纳粹教育部部长马上责骂他是在讲他“自家的国家社会主义”。

其实，海德格尔也不是在讲他“自家的国家社会主义”，而是在讲他自己的哲学。因为它从未把自己看作政治家，而是始终以哲学家自居。在“校长就职演说”开始不久，海德格尔就讲到“再次把我们自己置于我们精神——历史此在开端的力量之下：这个开端就是古希腊哲学的觉醒”[③]。也就是说，海德格尔此时关心的并不是纳粹那套陈词滥调，而是要回到西方传统或西方哲学的源头——古希腊哲学。他认为“这个开端仍然存在。它并不在我们后面作为很久以前的东西，而是在我们前面。作为最伟大的东西，这开端已经提前超出一切将来的东西，因此也超出我们。这开端已侵入我们的将来。它在那里等我

① Graeme Nicolson: The Politics of Heidegger’s Rectorial Address, Man and Word 20, 1987, p.174, 185.

② 同上。

③ Martin Heidegger: The Self-Assertion of the German University, Review of Metaphysics 38, March 1985, p.471.

们，是一个遥远的命令，吩咐我们赶上它的伟大”[①]。

这里，海德格尔的思路与他老师胡塞尔的思路有相近之处。胡塞尔认为欧洲科学的危机的内在原因是背离了古希腊科学和理性的观念，而且目的论的历史观使他必然将历史看作这一理念的实现，或向这一理念回归。海德格尔虽无目的论的倾向，却也认为古希腊哲学的发端作为一个突破性事件形成了一切西方形而上学的基础，悬在前面作为一个真实的可能性等着实现。而德国人的任务，尤其是大学里的德国人的任务，恰恰就是对这个产生古希腊哲学的原初时间做出回应。“……只有我们决心服从这个遥远命令，科学才会成为我们此在的内在必然性。”[②]对于喧嚣不已的纳粹意识形态，海德格尔仍然坚持自己的思路。雅斯贝尔斯因此称赞它是“到目前为止当代学术权力意志的唯一文件”[③]。而利奥塔甚至认为它是“独立地颠覆性的”[④]。

在他加入纳粹党前不到一个月，海德格尔在一封给雅斯贝尔斯的信中说，虽然许多事情还不清楚，很可疑，他却越来越感到它们正在成为“一个新的现实，而一个时代已变得衰老了”。“一切都在于我们能否为哲学及其开始

① Martin Heidegger: The Self-Assertion of the German University, Review of Metaphysics 38, March 1985, p.473.

② 同上。

③ 转引自 Fred Dallmayr: The Other Heidegger， p.25。

④ Jean-Francois Lyotard, Political Writings, p.145.

准备一个正确的入口处。”面对时代的风暴，海德格尔是那样一厢情愿和一意孤行。在他看来，真正的革命得发生在哲学中，即此在不仅是古希腊哲学的，而且是作为全体的西方传统的起源之间的思问斗争。

然而，这种哲学之思又是为时代问题所激起，并且也是针对时代危机的。这就使得不管使用何种策略和方法，不管他对政治是何等轻蔑和无知，海德格尔无法摆脱政治。他最终还是入党了。他合作了，他对希特勒抱有幻想，他说了不少言不由衷的话。这些行动固然暴露了海德格尔人格和个性的许多缺陷：妄自尊大，偶尔的报复心，缺乏公民勇气（Zivilcourage）（当然，在一个专制制度下，这些缺陷经常会急剧恶化）等，但却不能完全用人格与个性来解释，甚至也不能用政治上的幼稚或政治上的反动来解释。因为在海德格尔与纳粹的关系中，很多事情很难给它贴上什么政治标签。雅斯贝尔斯在他的《哲学自传》扩大版中就承认，海德格尔不适合任何一种纳粹类型。[①]

这种困难又一次证明了海德格尔公案的复杂性。如果海德格尔是个货真价实的纳粹分子，那就不会这么复杂。如果海德格尔是个地道的纳粹思想家，情况也不会这么复杂。问题如果仅限于哲学，或仅限于政治，都不会这么复杂。问题的复杂来自哲学与政治之间的巨大张力，来自海

① Karl Jaspers: On Heidegger, Graduate Faculty Philosophy Journal 7, Spring1978, p.122.

德格尔以一种非政治的方式——哲学的方式卷入政治和对政治做出反应。单从哲学的角度或单从政治的角度去看这桩公案，都无法把握问题的复杂性。

什么是精神

但不管问题有多复杂，有一点是可以肯定的，就是虽然海德格尔对时代危机的某些关切和想法使他容易接近纳粹的立场，他的有些思想也容易被头脑简单的人，或心怀偏见的人解释为纳粹思想（康德、黑格尔和尼采都有这样的命运），但他的哲学不仅不是纳粹哲学，而且是和纳粹主义格格不入的。因此，海德格尔对纳粹的幻想消除之后，很快就对纳粹意识形态持批评态度。但是，他的批判也不是一个政治行为，而是一个哲学行为，是他哲学思想的自然发展，而不是脱离哲学的政治批判。德里达在《关于精神》[①]一书中对海德格尔对“精神”一词在不同时期使用的研究即向我们表明了这一点。

海德格尔在写《存在与时间》时，强调要像对待“主体性”和“（先验）意识”那样避免使用“精神”一词，

① J. Derrid: Of Spirit, trans. by Geoffrey Bennington and Rachel Bowiby, Chicago and London: The University of Chicago Press, 1989.

或给它加上引号来使用。这显然是要和西方形而上学传统划清界限。大约25年后，在诠释特拉克尔的诗时，海德格尔又重提这个回避策略，说诗人总是避开“精神”和“精神的”（geistig），而用“精神性的”（geistlich）一词。[①]但在这25年间，海德格尔不仅不回避，而且还乞灵于“精神”及与其相关的词汇，这究竟是怎么回事？

在德里达看来，用和不用，或试图避免“精神”，是海德格尔哲学发展的征兆，它们在一个关节点区分了复杂地纠结在一起的他的思想的不同线索。德里达主要提到了以下四条线索：关于存在的发问问题；与思相对照技术的地位问题；与此在相比“动物性”的问题；形而上学史的时代特征。

在《存在与时间》中，海德格尔试图使自己摆脱传统形而上学，特别是主—客或身—心二元论，它也表现为精神和物质的对立。海德格尔的“生存论分析”试图将此在不仅从不同类型的客观化中救出，而且也从精神的主观规定中救出。在传统形而上学中，“精神”是一连串与物质实在相对的概念的“非客体”的一部分，这些非客体包括意识、精神（或心智）、主体性、人格和理性。要非形而上学地阐明此在，就要避免给整个这一串非客体加引号，特别是精神的概念。根据海德格尔所说，此在的规定特征不是意识或精神，而是它对存在或存在问题开放；它自己

① J. Derrida: of Spirit, pp.9-12.

的存在也是可问的，或可被提到一个问题的地位。

从这个观点看，此在不是一个客观上给予和可确定的事物（Vorhandenheit）；它也不只是一个非事物。像意识和精神这样的范畴都无助于理解，反而是理解作为存在发问之所在的此在的一个障碍。“生存”和“在世”这样的术语都是用来避免误解。正如《存在与时间》中说的，说此在是一个追问，意思是人实质不在灵肉综合的精神，而在他的生存。所以海德格尔将他的工作与一切依据这个笛卡尔形而上学基础的学科和研究分开，包括人文科学（Geistswissen-schaften）和哲学人类学。

但在1933年的《校长就职演说》中，“精神”又威风八面地回来了并且没有带引号。精神现在作为“德国大学的自我主张”的一个主要部分，来坚持自己的权力了。是什么引起了这种变化？在海德格尔的演讲中，“自我主张”包括一个由领导（Fuhrung）支持的精神秩序，而这种领导本身又受一个精神使命的指导。如同海德格尔在演讲开头所说的，假如校长的职务是承担这个高等学府的精神领导的任务，则这领导只有当领导人让自己被“将德国人民的命运塑成它历史的独特形态的精神使命的不可避免性所引导”，才有可能。海德格尔在这篇演讲中给“精神”下了一个定义，他思想的几个有关方面都结合在这个定义中。

与只是聪明、机智或分析的理智相反，精神是在追求存在的本质中原初的调整和认知的决断。因此，一个民族的“精神”或“精神世界”不是一种文化上层建筑，或有用价值的仓库，而是一种从神秘力量和对其历史此在最深的检验中产生的生存力量。现在，精神被当作一种具体的历史力量，不再适合支配现代性的那种形而上学模式；反而倒是与《存在与时间》相一致，精神不等于主体性，至少不等于它的心灵的、自我论的解释。[①]但同时，演讲强烈的唯意志论是否仍属于主体性时代，不无可议之处。

德里达看到，与这种哲学上的左右为难相联系，隐藏在它后面的，是重要的政治上的矛盾态度。人们可以说，通过呼唤精神和精神使命，海德格尔将国家社会主义精神化了，因而使其政策（甚至最坏的政策）合法化。但在肩负这种精神化风险时，海德格尔也可以追求净化和因而（从其最坏的倾向中）拯救国家社会主义的目标。在那种情况下，海德格尔的就职演说至少将精神和生物学的种族主义和自然主义区分开来；至少使《校长就职演说》不再属于纳粹的意识形态话语。但是，海德格尔的这种精神化也是要付出代价的：至少部分退回到植根于精神和主体性的传统形而上学去。

在德里达看来，这个代价是不可避免的，因为“只有将精神作为对立的一极，或又将它等同于主体性（即使是一种唯意志论的主体性），才能使自己在其发生形式上就

① J. Derrida: Of Spirit, pp.31-37; Heidegger: The Self-Assertion of the German University, pp.470, 474-475.

与生物学主义、自然主义或种族主义区分开，并反对它。这种程序的强制力很强大，支配着大多数今天和未来很长时间里想要反对种族主义、极权主义、纳粹主义、法西斯主义等的话语，它们以精神的名义，以精神自由的名义，或以直接或间接可回溯到主体性形而上学的公理的含义（如民主或人权的公理）这么做"[①]。在德里达看来似乎只有两种选择：赞成精神和反对精神。但无论哪种选择，都是"可怕地不干净"[②]。前者会回到旧形而上学，而后者会在政治上走错路。换言之，前者是哲学上不干净，后者是政治上不干净。德里达的这个结论显然也暗示了哲学和政治之间的巨大紧张。

德里达认为在《校长就职演说》中，海德格尔用许多方法混合了这两种选择，因而也混合了它们的恶果：他用一个"仍然是形而上学的姿态"为国家社会主义"担保"，他认为同样的暧昧不清也出现在《形而上学导论》中。海德格尔自己在那里也提到"精神的每一本质形态都具有模糊性"[③]。

这部著作是要给人们提供一个引导，使之进入作为一种提问模式，更确切地说，作为"基本问题之间"的哲学。这个引导并不是引导进一步实质性领域或产生各类信

① J. Derrida: Of Spirit, pp.39-40.

② J. Derrida: Of Spirit, p.40.

③ Martin Heidegger: Einfuhrung in die Metaphysik, Gesamtausgabe Bd.40, Frankfurt am Main: Vittirio Klostermann, 1985, S.11.

息，而只是引起惊异和提问；此外，这个引导性的导论不能依靠任何别的外在引导，而只能把自己完全交给提问。这个提问性引导不受指导和控制，形成了进入哲学提问的入口。

在使用“引导”（Fuhrung）这个词时，海德格尔似乎是同意了占统治地位的法西斯的套语。然而，德里达却写道：“我们应非常诚实地承认：在海德格尔冒险将引导的主体为政治服务时，他却表明他事先就不为这种政治服务。”[①]当然，这种远离政治并不完全或明确，因为提问在这里仍同认知意志连在一起，因而同肯定的决断连在一起。另一方面，也是更重要的，《形而上学导论》将自己置于一个新的政治或地缘政治的语境中：地球上为世界统治而进行斗争的语境中。在海德格尔看来，欧洲，特别是德国，处在一个巨大的钳子中，受到俄国和美国两边的威胁（这两者都被视为想要统治地球的技术大国）。问题是欧洲是否能恢复其本源的力量，这要求“从中心发展出一种历史的力量”[②]。德里达说，地缘政治在这里采取了一个“精神的世界政治”的形式，这种政治要对抗世界的没落：诸神的逃遁、地球的毁灭、人类大众化和平庸之辈占上风。[③]

---

① J. Derrida: Of Spirit, pp.43-44.

② J. Derrida: Of Spirit, p.45.

③ J. Derrida: Of Spirit, p.46.

在《形而上学导论》中，世界的没落是与精神的日益被剥夺权力（Entmachtung）联系在一起或等同的。这个过程并非一个外在的偶然事件，而是精神本身特有的特征。在海德格尔看来，对精神力的剥夺有几种形式，包括将它误解为机智或理智，把它还原为一种上层建筑（马克思主义），变成一种种族群众组织的套话（法西斯主义）。与这种衰落过程相抗，海德格尔将精神表述为力量或力，作为一个原初统合强制的权力。在这一语境下，《形而上学导论》重提在《校长就职演说》中给予精神的定义："精神授予存在者全体种种权力，精神统治的地方，存在者本身因而更本质。"[①]正如德里达所注意到的，海德格尔这时的说法仍强烈地（虽是模糊地）受到传统形而上学，以及它认为精神是自我把握和自我同一（逻各斯）的影响。然而，在他以后的著作和讲课中，这些立场慢慢松动或被取代，逐渐为新的观点创造了空间。

在他1936年关于谢林的讲课中，海德格尔仍然强调精神的统一和聚集性质，称精神是"原初统一的统一性"。但他又说，作为这个统一性，"精神是Pneuma（希腊语"空气"或"呼吸"之意）"，即一阵微风呼吸。此风从何处起？海德格尔遵循谢林的说法，指向爱的能力说："甚至精神也不是最高的；它只是精神，或爱的呼吸。但

① Martin Heidegger: Einfuhrung in die Metaphysik, S. 53.

爱是最高的。”[①]谢林课程也首次提出了恶的主题，把恶看作背离爱的精神和在反叛爱的统一精神时生存的自我封闭。德里达也提出海德格尔关于荷尔德林的一些课程，尤其是1942年关于荷尔德林的诗《多瑙河》的课程。在那里，海德格尔把诗人的灵魂表述为精神的容器或沃土。精神现在被看作火焰，这与荷尔德林那首赞美诗的开头是一致的：“现在来吧，火！”作为火，精神不再指自我把握或自我同一，而是指一个连续的运动或渴望，一种剥夺和再挪用的永恒过程。[②]

1953年，海德格尔在阐释特拉克尔的诗时再次提出了“什么是精神”的问题，但他现在的回答是：“精神就是火焰。”它既是火焰的燃烧，又是在火焰中升腾的东西。在德里达看来，这不只是在阐释特拉克尔，而是反映或抓住了海德格尔自己的思想。现在，精神已不再属于传统形而上学了。这在他诠释特拉克尔的诗句“灵魂是大地上的陌生人”时更明显。海德格尔坚持认为，“陌生人”这个词在这里不是指灵魂被放逐到一个它并不属于的、肉体的、现世的监狱中，如老式柏拉图主义所认为的那样。“陌生人”在这里指一种云游寄旅的性质，指灵魂仍寻找它还未居住的大地。灵魂的渴望指向未来，但不是普通时

① Martin Heidegger: Schelling, Vom Wesen der Menschlichen Freiheit, Gesamtausgabe Bd.42, Frankfurt am Main: Vittorio Klostermann. 1988, S.154.

② J. Derrida: Of Spirit, pp.80-82.

钟意义上，而是时间性意义上的未来。在时间性中，“后来”预期着“早先”，黄昏先于黎明，死亡先于生命。特拉克尔用“精神性的”（geistlich）这个词指这种时间性和它的现世世界。这种前指的精神时间性有一种希望的性质。因此，海德格尔认为，特拉克尔诗中的“西方”（Abendland）必须仔细地与西方文明，或在柏拉图意义（基本上被基督教吸取）上的欧洲区分开。特拉克尔的这个西方更古老，即比柏拉图—基督教，尤其是欧洲所理解的西方更早，也更有希望。[①]海德格尔这时不仅超越了传统形而上学，也超越了西方文化中心论。一度坚信的德国人的精神使命，实际上也消解于无形了。

“精神”在海德格尔思想发展中的曲折旅程显然不是学术政治，而是在政治语境中的学术。但它的种种使用，在任何一个时期都不能说是与海德格尔要克服传统形而上学的初衷相悖离的。德里达所谓形而上学和反形而上学话语都不可能是清白的观点，的确深刻地揭示了传统形而上学与近代政治意识形态的密切关系，但以海德格尔在20世纪三四十年代对“精神”一词的用法为例，则还显证据不足。

海德格尔当时之所以要打出“精神”的旗号，显然是要借用传统精神概念与物质、自然、肉体等相对立的意义，来和纳粹的生物学主义和种族主义意识形态相抗，说

① Martin Heidegger, Unterwegs zur Sprache, pfulligen:Neske, 1959, S.77.

明他此时已有意与纳粹意识形态针锋相对。但他这么做时并未退回传统形而上学去。在1936年的谢林课程中，精神也一直受到赞美，把它作为生物学主义和军国主义的解毒剂。但海德格尔是在“微风”，而不是在“逻各斯”或“理智”的意义上来解释这个术语。而后来在荷尔德林课程中，“精神”做解释为“火焰”和“火焰的升腾”；这就为特拉克尔诗中诠释“精神性”（Geistlichkeit）这个概念扫清了道路。在那里，精神性是一种充满火的精神的时间模式。因此，在他对荷尔德林的《多瑙河》这首诗的阐释中（1942年），海德格尔常常用加了引号的精神这个概念来指近代技术的“精神”和德国唯心主义的主导范畴。而在这时，海德格尔也并未再靠向或要拯救希特勒主义。

海德格尔思想的内在动力从《存在与时间》开始，就是要克服西方传统形而上学，所谓的现代性在他看来不过是这个传统的必然结果和终结，因而各种现代政治意识形态也不过是这个传统的表现。海德格尔的后形而上学思想使他不可能赞美生物学主义或自然主义，因为它们都是建立在与理智相对的基础上。海德格尔对从传统形而上学中派生出来的现代意识形态的批判，也不可能意味着支持纳粹主义或任何一种自然主义政治（即把自己或人性看作既定的东西）。可是，确如哈贝马斯所指出：“海德格尔始终留在普遍中，他关心的是要表明‘人与存在为邻’，而不是与人为邻。”[①]在他看来，既然历史就是存在史，那么唯一真正的批判只是哲学批判。所以他的批判始终停留在存在论的层面上，因而始终是非政治的。

因此，对他一直对纳粹的罪行保持沉默，对自己的政治失足毫无悔意，就不能肤浅地仅从个人品质，或政治上顽固不化来理解。既然一切最终都归结为存在的展现发生（Ereignis），那么思想家当然是没有个人责任的。是错误客观地落在他身上，而非他犯错误。所以海德格尔战后会说，他1933年至1934年间担任弗赖堡大学校长一事是“不重要的”，它只是“科学本质的形而上学状态的一个表征”[②]。《校长就职演说》“已经是一个对抗”，而他加入纳粹党纯粹是个“形式问题”[③]。应该承认，除去他个人品质和惊人的缺乏道德感外，他的哲学完全可以得出以上结论。对于一个哲学家或思想家来说，还有什么比存在之思更重要呢？与存在之思相比，上述这些问题当然是“不重要的”。

对于海德格尔来说，不仅他个人的行为是不重要的，甚至有计划的种族灭绝和大屠杀也算不了什么。既然法

① Habermas: Work and Weltschauung: The Heidegger Controversy from a Geran, in New Conservatism, p.160.

② Martin Heidegger: The Restorate 1933-1934: Facts and Thoughts, Review of Metaphysics 38, March 1985, p.497.

③ Martin Heidegger: The Restorate 1933-1934: Facts and Thoughts, Review of Metaphysics 38, March 1985, p. 490, 493.

西斯主义、共产主义和民主制是一丘之貉，那么纳粹做的一切并未有特殊意义。在给他以前的学生马尔库塞的一封信里，海德格尔说，马尔库塞说的关于灭绝犹太人的一切同样也适用于盟国，只要将“犹太人”换成“东部德国人”。马尔库塞在回信中不禁要问：“说这句话时，你不是将你自己置于一个人与人之间可以对话的领域之外——逻各斯之外了吗？只有完全在这‘逻辑的’维度之外，才可能用说别人也干了同样的事来解释、面对、‘理解’一个罪行。”[①]马尔库塞在这封信里绝望地对他老师说：“我们许多人都等着你说句话，一个你可以清楚明确地使你自己摆脱这种认同的声明，一个表达你对所发生的事现在的真实态度的声明。但你没有做这样的声明……”[②]

海德格尔这种可怕的沉默，不是出于他的人格，也不是出于他的政治立场，而更多的是出于他的哲学立场。严格说来，他只有哲学立场，而无政治立场。因为哲学家是超越政治的。在这一点上，海德格尔完全属于柏拉图开创的传统。在柏拉图看来，哲学家就是能跑到洞外看到真实世界的人，因而是唯一能认识真理的人。而普通人就像被缚在山洞里的人那样，与事物真相无缘，与真理无缘。真理不可出现在现实世界和日常生活中，而只能出现在哲

① Habermas, Work and Weltschauung: The Heidegger Controversy from a German Perspective in New Conservatism, p.163.

② Habermas, Work and Weltschauung: The Heidegger Controversy from a German Perspective in New Conservatism, p.164.

学家孤独的思索中。因此，哲学家完全没有必要了解政治，他的使命是将自己通过独自思索得到的真理，强加于芸芸众生作为现实生活和政治的标准与尺度就行了。这就是“哲学王”的真实含义。[①]对于海德格尔来说，哲学家的任务和特权是倾听存在的呼唤，领悟人（此在）与存在的本真关系。因此，他对日常生活和现实世界并无多少兴趣，对政治他知之甚少，却试图使其按自己的思路运行。他完全无视政治的独立性，企图把政治问题最终都还原为哲学问题。这样，时代的危机最终被归结为存在的天命，而哲学家也只有存在之思，而无政治和道德立场。他只要对存在做出回应，却无须对人世的苦难和不义做出回应。因为他是“哲学家”。

柏拉图开始的哲学取代政治的形而上学传统的后果，在海德格尔公案中得到淋漓尽致的显露。一个基本的反讽是，哲学家不可能完全脱离政治；相反，政治却不可避免地要进入哲学家的生活。需要明确的是，“政治”其实有两层基本含义。法文中有la politique和lepolitique，德语中也可以用 die Politik和 das Politisch来区分这两层意思，前者指做出具体决定和政策选择；后者指政治领域和我们可以谈起的现象——事件、人物、行为、制度等的政治性质的特别样式。本文主要在后一种意义上谈哲学与政治

① 参见 Hannah Arendt: Philosophy and Politics, pp.94-96。

的关系。永远处于哲学和政治的巨大张力中，是哲学家特有的命运。真正的哲学和真正的哲学家，必然是有现实关怀的。但像柏拉图和海德格尔这样，试图以哲学来指导政治，从而取消政治，却是注定做不到的。亚里士多德可以将哲学作为人最高的实践活动，但却不能把它作为人最基本的实践活动。因为人的生存活动不可能还原为哲学。试图以哲学主导政治，其结果一定是无视政治的独立意义，造成哲学和政治的脱节。柏拉图和海德格尔的政治遭遇，充分说明了这一点。

很显然，政治作为人类存在的基本样态，是不应该，也不可能被哲学所取代的。对它的轻视也是毫无道理的。然而，从柏拉图开始的西方形而上学传统，一贯重观念、重本体、重彼岸、重超越、重心灵、重绝对、重一元，这就注定要对生活世界——政治世界采取一种排斥和轻视的态度。令人吃惊的是，一心要克服传统形而上学，并且为此做出了划时代的、无可比拟贡献的海德格尔，在对待政治的问题上却与柏拉图如出一辙。这就是“把欧洲思想的空间限制在形而上学的封闭范围里：从此以后问题不过是思考（个人）存在。对（一般）存在的遗忘成了西方哲学的本质”[①]。但正如利奥塔极为尖锐而深刻地指出的：被西方形而上学所遗忘的不仅仅是存在的区别，而且还有善与恶、正义与侵权的区别。被遗忘的东西从根本上来说不

① Jean-Francois Lyotard, Political Writings, p.146.

是一般存在，而是对正义的义务。[①]在这个意义上，我们完全可以说，海德格尔没有超越西方传统形而上学。

如果海德格尔哲学态度的形而上学性本质地解释了海德格尔对待政治的态度，以及他在政治上失足的原因，那么海德格尔公案就向我们表明，传统形态的哲学，是不可能根本克服西方形而上学传统的。对西方形而上学传统的克服，必须通过哲学的自我改造，通过哲学实践领域延伸，通过实践哲学成为真正的第一哲学来完成。今天，学院哲学都已完全失去其生命力充分表明，哲学已无法再像过去那样形而上学地画地为牢了。它必须从人类的生存实践中，特别是政治实践中，获得它自我更新的力量。这恰恰是因为政治今天比任何时候都更萎缩，而人类的命运在很大程度上取决于他们有什么样的政治。

这当然绝不是说哲学要成为政治，而是说哲学要像苏格拉底进入雅典的公共场所那样进入政治，促进生活世界中的自由交谈，沟通不同的话语与文化，就人类的前途和命运进行讨论和对话，对任何罪与不义做出道德—政治评判。这样，哲学不仅是理论，而且也是亚里士多德所谓最高的实践。既然我们已被抛入世界，与他人共在也是哲学家的命运，哲学家又怎么能回避和拒绝政治？在哲学和政治的张力中，哲学家无法超脱和中立，他必然要有自己的政治立场，必须面对人类良知的评判。人类良知既不

① Jean-Francois Lyotard, Political Writings, p.147.

来自形而上学，也不来自意识形态，而是来自人类的历史经验，来自人类的政治生活。良知的声音，才是存在的声音。而我们只有在与他人的对话中，在倾听他人中，才能听到这种声音。

（原载《政治世界的思想者》，复旦大学出版社2009年11月版）

哲人与爱：汉娜·阿伦特与海德格尔

在常人眼里，哲学家似乎应与爱情无缘。从柏拉图开始，一直到叔本华和尼采，著名哲学家中单身汉不胜枚举。只是到了20世纪，才风气一变，哲学家纷纷“世俗化”，连海德格尔这样的人也结了婚，不仅结婚，而且还有一段延续了半个世纪的婚外情，并且，情人是他的学生。本来海德格尔由于在纳粹统治时期那段不光彩的经历，一直受到世人诟病；现在再加上师生恋的婚外情，更使人们愤怒。在满足了人类的“窥私”后，人们纷纷发表义正词严的道德谴责或政治审判，以此表示自己的正义感和政治正确性。两位当代最优秀的哲学家之间的爱情似乎除了作为茶余饭后的谈资与表示道德倾向与政治觉悟的材料外，别无任何意义。当然，更有人在看了艾丁格（Elzbieta Ettinger）写的《汉娜·阿伦特论马丁·海德格尔》后在《纽约时报》上写书评说，这个故事告诉人们两个重要的教训：第一，对天才的盲目崇拜是危险的，第二，无论多么伟大包容的爱情，从客观的角度看来，都是十分愚蠢的。这种后现代的高论的确十分聪明，但总让人觉得说这话人的血液温度接近鱼类。

汉娜·阿伦特和海德格尔的情感经历，无论如何有不同寻常的地方。首先，两人都是当代一流的哲学家，彼此相爱逾50年，中间虽有波折，甚至有在外人看来难以消除的隔阂（一个是犹太人，极权主义的深刻剖析者；另一个是纳粹追随者，至少在纳粹统治时期对犹太人的态度令人齿冷，更有各人世俗的婚姻状况的障碍），然而，在历经战争、流亡、天各一方等等事变后，在岁月滤尽性欲、野心、名声等一切外在因素后，从满头金丝到两鬓霜雪，此情依然，此心依然。尽管他们之间也有猜疑和分歧，但他们毕竟带着不绝的情和相爱的心，先后走向了另一个世界。真实地、不带偏见地了解并理解两位哲人之间的这段感情经历，对于理解这两位哲学大师和他们的思想、对于理解人性的复杂都是有益的。

汉娜·阿伦特（1906—1975）是海德格尔最有才华、最有成就也最出名的学生之一。她出生在哥尼斯堡一个典型的、同化了的犹太人家庭。自幼聪明过人，14岁时就对哲学产生了兴趣。她读了同乡康德的《纯粹理性批判》，并很好地掌握了希腊文和拉丁文，17岁时组织了一个学习和阅读古代文学的圈子。在中学毕业前，她就去柏林听哲学家与神学家瓜蒂尼（Romano Guardini）的课，并阅读克尔凯郭尔的著作，正是在那里她听说了海德格尔其人。后来她回忆时写道："关于海德格尔的传说非常简单：思想又有了生命；人们以为已经死了的过去的文化财富，他使之说话，在这过程中证明它们有完全不同于人们多疑地猜想的东西，有一位教师；人们也许能学习思想。"这样，阿伦特就去了马堡，海德格尔正在那里教书。

一到马堡，阿伦特就以她剪短的发型和时髦的服装成为众人注目的对象。最有魅力的是从她双眸发出的吸引力。她20世纪20年代短时间的朋友本诺·范·维泽（Benno von Wiese）在回忆录中写道："人们的视线一旦潜入她眼底，一定害怕得不再敢上来。"由于她经常穿着优雅的绿衣裳，同学们都称她为"绿衣人"。牟逊（Heymann Morchen）描述道，当年在食堂里，只要她一说话，甚至邻桌的谈话也停了下来。人们只是要听她说话。她总是带着自信同时带着羞怯出现。但是，在与著名神学家布尔特曼谈她出席他的讨论班的条件时，她直截了当地对布尔特曼说："不能有反犹的评语。"布尔特曼以他沉静友好的方式向她保证：万一竟然出现某种反犹的表现，"我们两人将对付这情况"。德国著名哲学家汉斯·约纳斯就是在布尔特曼的讨论班上认识阿伦特并和她订交的。他说大家都感到阿伦特是女性的一种例外。人们在她身上发现"一种强度，一种坚定，一种对于质的敏感，寻求本质的东西，一种沉思，这些给了她某种魔力"。

这样一个从外表到内心都异常出色的女学生引起了海德格尔的注意。两个月后，1924年2月初，海德格尔请她去他的办公室。后来海德格尔常常愉快地回忆起当时的情景，她如何从门口进来，穿着一身雨衣，用帽子低低地遮着脸。和与布尔特曼谈话不同，她表现得非常羞怯，嗓音也不听使唤，只是低低地说“是”和“不”，声音低得几乎听不见。她一瞬间就感到不可抗拒地被这个她所敬佩的人吸引了过去。1924年2月10日，海德格尔给她写了第一封信。开头用非常正式的称呼，“亲爱的阿伦特小姐”。他夸奖她灵魂与精神的素质，鼓励她要坚定不移地忠实于自己。这是一封实事求是、同时充满感情的信。（可艾丁格却将它说成是“抒情诗般的赞歌”。）阿伦特显然被征服了，四天后，海德格尔就在信上称她“亲爱的汉娜”了。这以后事情的发展和任何这类事大同小异。事情必须绝对秘密，不能让任何人知道，阿伦特接受老师制定的游戏规则。来往的信息都编了密码，约定的幽会精确到分秒。开灯关灯，开门关门，开窗关窗这一类自古情人所用的老一套表示机会和危险的标志，哲学家也用。毕竟，他们也是人。用不同常人的标准来对他们的行为加以评判并不公正。

用常人的标准，这种浪漫的师生恋一开始就包含着不幸的因素：海德格尔比阿伦特大17岁，已是两个孩子的父亲。他娶了一个反犹的、有虚荣心的妻子。她非常看重家庭的名声，始终疑心重重地注意着丈夫周围的女学生。她尤其拒绝阿伦特，因为海德格尔公开地表现出偏爱她，也因为她是犹太人。在这种情况下，要想始终保守秘密是很难的。但阿伦特从未要求海德格尔做什么决定，虽然一种不踏实的感觉始终在折磨着她。她对他的爱是不顾一切的、献身的，虽然不能排除崇拜名人的因素和情欲的因素。对海德格尔来说，阿伦特的委身是他的福气，但他也并不想从中担起什么责任。他对阿伦特的情感无疑包含着肉欲的因素，更为自私，然而他的确也欣赏阿伦特过人的才智。最重要的是，他们之间有一种一般情人间所无法有的从感情到思想和心灵的内在了解和沟通。海德格尔在给阿伦特的信中一再向她保证，她比任何人都更了解他。的确是这样，尤其是在哲学上。正因为如此，尽管有那么多严重的内外障碍，他们的爱情终于维持了下来，并且不仅构成了他们各自人生的一部分，而且也构成了他们思想的原动力。海德格尔真爱阿伦特，至死方休。他不仅将她看作一个理解他的女人，而且也将她视为“存在与时间”的缪斯。他向她承认，没有她，他不可能写出《存在与时间》这部传世之作。但他一刻也没有认识到，他也可以向她学习。相反，在他眼里，阿伦特应该是个听话的学生，应该什么也不写。然而，阿伦特还是写了，虽然有相当的独创性，但思想的基本源头是在她的老师那里，1960年当她的主要著作《人类的境况》德文版出版时，阿伦特给海德格尔寄了一册样书，在附信上她写道：“没有我在年轻时在你那里学到的东西，这本著作是不可能出现的。它是直接从马堡最初的那些日子而来的，从一切方面看几乎一切都亏你。”这段话虽说有点夸张，但基本上符合事实。正是这样一种从思想到心灵的沟通，才使他们的感情不致重复大部分这类私情始乱终弃的悲剧。

但是，他们的秘密交往在实际生活中时间越长越难保守秘密，阿伦特逐渐开始感到害怕。终于，一年后，海德格尔提出分手，让阿伦特去海德堡跟雅斯贝尔斯学习。但这绝不是爱情的结束，而只是空间的分隔。在这期间其实阿伦特也想到过要离开马堡。毕竟她也要她的自我。然而，她还是不能抛开海德格尔，虽然她不告诉他自己在海德堡的地址，却暗中希望他能来找她，并找到她。当海德格尔从约纳斯那里得到了她的地址后，他们便又恢复了书信往来，并且在20世纪20年代末还有过幽会。在1929年夏末的一封信中阿伦特“大胆地”提醒海德格尔“我们的爱在延续”。

然而，他们的恋情不久便遇到了深刻的危机，并中断了十几年，导致这一切的不是任何社会势力，而是政治。1933年初，也就是在阿伦特去美国前不久，给海德格尔写了一封信，信中她问起她听到的关于他的种种令人不安的消息是否属实，比如不让犹太人参加他的讨论班，不向犹太同事打招呼，不让犹太博士生通过博士论文，等等。海德格尔用愤怒的语调回了一封信，从这以后，直到1950年他们才恢复通信，在那封回信中，海德格尔历数了他对犹太学生的种种帮助，花了许多时间在他们身上，尽管这将影响他自己的工作。犹太学生在危急时总来请他帮助，有人请他为其博士论文说话；还有一个犹太学生送给他一本自己写的内容广博的书，他马上写了书评；还有犹太学生让他帮助获得补助金，他也办了。平心而论，海德格尔在此信中说的他为犹太学生“效劳”，都属他的职权范围。但也正是在这封信中可以看出他自然而然地在德国人中区分犹太人和非犹太人，并且信上的口气和措辞让人觉得犹太人是纠缠不休的。但阿伦特听到的那些事，虽未发生在当时，却在以后几个月中发生了。他不再与犹太同事有私人来往，也不再授予他的犹太学生博士学位。即使对他的恩师胡塞尔，他也板起了面孔。而对纳粹运动却情有独钟。由于这些劣迹，他在战后理所当然地受到盟军的整肃，被剥夺了教学的权利。

而阿伦特作为犹太人，早在希特勒上台的当年——1933年，为躲避纳粹的迫害就移居美国，她的不少朋友和熟人都死于纳粹的屠刀下。对于她所尊敬的老师兼她深爱的情人的那些丑行，阿伦特痛心疾首，欲哭无泪。虽然她从未原谅过海德格尔的这类丑事，但她仍然冷静地将这一切归结为海德格尔人品的缺陷。战后她和她在海德堡的老师恢复了通信，很自然的一个话题就是他们共同的朋友海德格尔在刚刚过去的那场历史风暴中的所作所为。他们认为海德格尔是这样一个人，比起他的思想激情来，他的道德敏感性简直没有生长。雅斯贝尔斯写道："人能作为不干净的灵魂——对他毫无触动的不干净，也不断从那里挣扎出去，而是漫不经心地继续生活在污秽中，——人能在不诚实中看到最纯粹的东西吗？——这是非常奇怪的，他为了要认识某些今天几乎无人注意的东西。"而阿伦特的回答是："您称为不干净的东西，我称之为意志不坚，但是在这个意义上，他并不是字面意义上说的那样，也不是确定地有什么特别的坏。然而他在这种情况下生活在一种深度中，有一种不会让人轻易忘记的激情。”

尽管在理智上她对海德格尔有比常人更深的了解，但在感情上仍不能原谅他。不仅不能原谅，而且是切齿痛恨。在谈到海德格尔对他的恩师胡塞尔的态度时，她说她在海德格尔那里看到了“一个潜在的凶手”。因为海德格尔的态度使胡塞尔的心都碎了。雅斯贝尔斯说：“您对海德格尔的评判我完全赞同。”尽管如此，他们与海德格尔的关系都没有到此为止。但正如爱不能忘，恨也不容易马上消失。阿伦特在1948年还劝她的朋友施特恩贝格尔（Dolf Sternberger）不要在《新评论》杂志上发表海德格尔的《论人道主义的信》。1949年9月1日雅斯贝尔斯告诉她，他偶尔与海德格尔通过几封信。她回信说：“因为众所周知，人们并不始终如一。我很高兴。我无论如何不会。”但雅斯贝尔斯不仅恢复了与海德格尔的通信，而且还积极奔走致力于取消不准海德格尔上课的禁令，尽管当初正是他所写的海德格尔在纳粹时期的行为鉴定才使盟军禁止海德格尔教书。1949年初他给弗莱堡大学校长写信，称“海德格尔教授先生由于其在哲学方面的成就是全世界公认的当代最重要的哲学家之一，在德国没有人超过他。他的几乎隐蔽的、与最深刻的问题联系在一起，只是在他的著作中间接可辨的哲学活动使他今天在一个哲学贫困的世界上也许是一个独一无二的形象”。雅斯贝尔斯在这里所表现出来的哲人风范，足为后世楷模。不知是否由于雅斯贝尔斯的努力，海德格尔在1949年3月以“随大流者（Militt）无须制裁”的结论解脱，不许上课的禁令也随之取消。

同年11月，阿伦特受“在欧洲重建犹太文化委员会”的委托到欧洲旅行四个月，整理被纳粹剥夺的犹太文化事业。行前有一朋友问她是对巴塞尔（雅斯贝尔斯的住地）还是对弗莱堡（海德格尔家庭所在地）更向往，阿伦特说：“亲爱的，对弗莱堡感到向往要有非常的勇气——但我没有。”1950年1月3日，在她去弗莱堡几天前，还写信给她的丈夫亨利希·布吕歇尔说：“我是否会去看海德格尔我还不知道……我让一切听凭偶然。”这恐怕有些言不由衷。虽然当她不久前拜访雅斯贝尔斯时，还在雅斯贝尔斯给她看海德格尔写给他的信时说“卑鄙”，但她一到弗莱堡就通知海德格尔马上去她的旅馆。海德格尔交给旅馆柜台上一封信。邀请她去他家，顺便告诉她海德格尔夫人已知道他们的事。但在递交了这封信后他又让侍应生向阿伦特通报他来了。两天后在给海德格尔的信中阿伦特告诉他：“当侍者说你的名字时……好像时间突然停止了。因为我突然意识到我得到了你我以前都无权得到的东西，对冲动的束缚……仁慈地保护我没做出唯一真正不可原谅的不忠行为，丧失我的生命。但你应该知道（因为我们没有许多和过多公开的交往），如果我这么做，只是出于高傲，即出于纯粹疯狂的愚蠢。不是由于种种原因。”这里说的“种种原因”指的是海德格尔的纳粹过去。这显然不能吓住她不与海德格尔相会。她讲的“高傲”是担心又被海德格尔迷住。然而，1950年2月9日她给海德格尔的信表明，她又开始对海德格尔着魔了。在那封信上她对他说，他们17年后的重逢“证明了整个一生”。在给朋友的一封信中，她将他们17年后的重逢称为悲喜剧。那个以其艰深的思想而著称的哲学大师在她房间里就如一只“痛饮过的卷毛狗”。从旅馆出来，海德格尔就回到自己家里等着阿伦特同天晚上来访。虽然海德格尔原来是想让海德格尔夫人和他们在一起，但结果还是他们单独在一起。阿伦特非常兴奋，因此，她在给自己的丈夫的信上说：“在我看来，在我们生活中我们第一次相互说话。”她的角色已不再是女学生了，而是个饱经沧桑、劫后余生的政治哲学家了。刚刚完成的一部著作《极权统治的因素和起源》，给她带来了世界的声誉。海德格尔谈了他怎样卷入政治，并称之为“鬼迷心窍”，抱怨人们对他的谴责。阿伦特看到的是一个自以为是、后悔莫及、愁眉苦脸的人，觉得应该帮助他。从此她给海德格尔在美国找出版社，订合同，照料他著作的翻译，给他寄食品、书和唱片。他也含情脉脉地不断给她写信，多次在信中附上草梗花茎，在信中写他的工作，描绘自己窗外的景色，提醒她以前在马堡穿的绿色衣裳，同时也一直在信中转达他妻子艾尔弗里特的问候。

总之，1950年的重逢使这对情侣恢复了中断17年的爱情，政治留下的阴影不能说完全消散，但已不能阻止他们心灵和身体的拥抱了。阿伦特在给自己丈夫布吕歇尔的信上这样写道："归根结底我是幸福的，事实证明：我决未忘记是对的。"这次重逢开始了他们关系的新的一章。这次他们已不再偷偷摸摸，也不想保守秘密了。海德格尔一开始就想让海德格尔夫人也进入他们的关系，但两个女人始终无法相处得很好，除了妒忌之外，还有关于犹太人观点的分歧。她们两人在一起经常发生关于犹太人的争论，毕竟海德格尔夫人是一个无可救药的反犹太主义者和纳粹追随者。经过这么多年时间的过滤，阿伦特也觉得自己不欠海德格尔夫人什么，她毕竟没有破坏他们的家庭，如果说她和海德格尔的私情伤害了她，那么后来她所饱尝的孤独和嫁给一个自己不爱的人（她的第一位丈夫），也已经惩罚过她了。现在她和海德格尔只有精神上的亲近。两年以后，1952年5月19日，阿伦特第二次访问海德格尔家，这次他们单独在一起只有不多的几小时。她又一次被他的哲学迷住。他和她一起透彻地讨论了他的讲稿《何谓思想》中的一些段落。她在给丈夫布吕歇尔的信中说，在这样的时刻她"确信基本无危险"，阿伦特把自己看作"更好的"海德格尔的保护神，在这里女人的天性压倒了一切，爱情使她暂时忘掉了海德格尔的那段不光彩的经历。《人类的境况》德文版出版后，她在一张从未寄出的纸上写道："人类的境况/此处的题献处空着/我怎么竟把它献给你/亲爱的人/我忠于他/也不忠于他/两者都以爱。"

但海德格尔的心胸却远不那么磊落，1955年阿伦特又去了德国，但这次却未去看海德格尔。“我没有去，在我看来这是海德格尔与我之间的默契。”她在给自己丈夫的信上如是说。这次去德国是为在德国出版的《极权统治的因素与起源》做宣传。这次德国之行非常成功，人们到处请她演讲，她成了一颗耀眼的学术明星。虽然这部著作中的一些基本观点海德格尔也同意。但对于书中写的“暴民和精英的联盟”他一定会不快。更主要的，海德格尔对她的成功一定不甚高兴。后来在给雅斯贝尔斯的信中她说：“我知道，我的名字在公众中出现，我写书，等等，他都不能忍受。”考虑到这些因素，她决定不去看海德格尔。1961年夏天，在参加艾克曼审判，并发表了《艾克曼在耶路撒冷》，从而在以色列和美国引起轩然大波后，阿伦特又来到德国。她去了弗莱堡，并写信告诉海德格尔她何时在那里，他可以找到她。但没有回音，以至于她不知道海德格尔是否在城里，她应邀到弗莱堡大学一位法学教授家过节，她向主人表示她很想见见她学生时代的熟人，著名的现象学家奥根·芬克，叫主人也请芬克来。但邀请被芬克“粗鲁”地拒绝了。整个事情过程使阿伦特认为是海德格尔在背后说动芬克这么干的。这种猜疑当然得不到证实，但他们的爱情“游戏”又一次“突然中断”了。这次中断延续了5年。这次是海德格尔先伸出手去，写信给阿伦特祝贺她60岁生日，并附了一首题为《秋》的诗。

这时，他们都已进入了生命的深秋，绚烂归于平淡，激情渐趋平静，情欲、野心、妒忌、猜疑也早已渐次在人生的地平线上隐退，时间过滤了一切人生的杂质，剩下的是经历了几十年风雨沧桑的情感：婉约，深切，真挚，宁静。1967年，在15年之后，这对哲人情侣又重逢了，这次仍是阿伦特去看海德格尔。就在上一年从海德格尔寄给她祝贺60岁生日的诗《秋》中，在优雅的音调里她听到了生命黄昏时分的情感。现在，海德格尔快80岁了，她要再来看看他。她带来了生日祝贺，带来了爱，也消除了前些年的烦恼和不愉快。两年后，海德格尔80岁寿辰前不久，阿伦特和她的丈夫一起去看海德格尔——她永远的老师和情人。气氛是诚挚融洽的。海德格尔在赠给这对夫妇的书上题献："给汉娜和亨利希——马丁和艾尔弗里特。"一年以后，亨利希·布吕歇尔逝世。阿伦特将余生献给了她最终未能完成的巨著《精神的生命：思想——意志——判断》。她在那里发展的思想比任何别处表达的思想都更接近海德格尔。她不再中断同海德格尔的联系，每年都去看他。但他们已来日无多。1975年12月4日，阿伦特去世。五个月后，海德格尔也跟着去了。留下他们的哲学以及他们的爱情，任由后人评判。

在1971年阿伦特发表了题为《马丁·海德格尔80岁》的文章，扼要地介绍和分析了海德格尔哲学的特点、意义以及与这个世纪的关系，在高度评价他的哲学成就的同时，在文章最后也深刻批评了他转向纳粹的丑行。阿伦特一直到最后都是清醒的，爱并未模糊她的正义感和是非感。这样，她实际上维护了她的爱不受纳粹丑恶政治的玷污。她对待爱就像对待真理和正义一样的热烈与真诚。在这样伟大的激情面前，她是否爱错了人，以及他们的爱道德与否，已经是次要的问题了。巴尔扎克说过："真正伟大的爱情与文学杰作一样的不寻常。"

而拥有这种不寻常的爱是人生的至福。

（原载《莱茵哲影》，上海人民出版社2005年3月版）

在真理的道路上

并不是所有的人
都可以匍在真理的十字架下
并不是每一颗虔诚的心
都能承认十字架的沉重
并不是每一个勇武者
都能背负它穿过坟墓

二十几年前，正当我们这代人初露头角、议论风生、不可一世之时，就听到过这样的诗句。其实，即使在当时，也不会有太多的人走在真理的路上。二十几年后，当然更是各行其道，各奔前程，大家关心的多是钱和权，真理之路怕只是说说而已。

但路本来就是人走出来的。有人走，路就在。真理的孤傲与风致正在人影阑珊处。真理之路从来就不是一马平川的康庄大道，而是生命在荆棘丛中开辟的曲折小路。哥伦布和麦哲伦驶向未知领域是为了财富和黄金；真理的探求者为的只是自己接近真理，虽然他们都需要非凡的勇气与激情。

我们这代人一来到这个世界上，就已经有人向我们宣布了放诸四海而皆准的真理。因此，似乎问题是不需要的，怀疑更是有害的。要做的只是像记住乘法口诀表那样记住人们告诉你的一切，以及一个必然到来的美好世界，尽管是在无限遥远的将来。然而，一旦听来的真理被生命的经验一再证伪时，当真实的痛苦一再反衬出美好谎言的苍白时，愤怒变成了疑问，激情延伸为思想。当探索的目光与哲学不期而遇时，我拥抱了它。当时的兴奋和欣喜，实不亚于哥伦布拥有了他的船队，终于可以起锚扬帆了。却没有想到，倘若真理真的进入自己的生活，会带来多大的痛苦；只是感到，在思想的海洋里，地平线上已升起一块真实的陆地。于是，便迫不及待地向它跑去，却发现古今中外的思想巨人也在向我走来。

第一个吸引我探索目光的是马克思。这倒不仅仅是因为当时能较多读到的、能满足我精神需要的书只能是他的书，更是因为他对真理的无比热诚和献身精神，尤其是他把普罗米修斯称为“哲学日历上的第一个殉道者”，深深打动了一个刚刚拥抱哲学的年轻人的心。马克思以他渊博的学识和深湛的思想（虽然它的全部深度和广度我只是在以后的岁月里才逐渐把握）为我打开了西方思想的大门，让我看到了人类真理的广阔领域。马克思的批判精神，则坚定了我追求真理的勇气和信心。虽然即使在当时也没有把马克思作为神来崇拜，但至今为止，我仍认为他的批判精神是发现真理和产生真理的必要条件。

终于，透过马克思高大的身影，看到了黑格尔，听到他对年轻人恳切的教诲："青春是生命中最美好的一段时间，尚没有受到迫切需要的狭隘目的系统的束缚，而且还有从事于无关自己利益的科学工作的自由。——同样，青年人也没有受过虚妄性的否定精神，和一种仅只是批判劳作的无内容的哲学的沾染。一个有健全心情的青年还有勇气去追求真理。真理的王国是哲学所最熟习的领域，也是哲学所缔造的，通过哲学的研究，我们是可以分享的。"于是，我让这位哲学大师带我走进哲学的殿堂。

虽然黑格尔思想深奥，语言晦涩，我却投入了全部的热情。因为从一开始，就得到黑格尔本人的鼓励："我首先要求诸君信任科学，相信理性，信任自己并相信自己。追求真理的勇气，相信精神的力量，乃是哲学研究的第一条件。人应该尊敬他自己，并应自视能配得上最高尚的东西。精神的伟大和力量是不可以低估和小视的。那隐蔽着的宇宙本质自身并没有力量足以抗拒求知的勇气。对于勇毅的求知者，它只能揭开它的秘密，将它的财富和奥妙公开给他，让他享受。"事实证明的确如此。艰苦努力的结果是我没有像许多人那样对哲学浅尝辄止，掉头他去，而是开始深入哲学的堂奥了。经过黑格尔哲学的洗礼，再没有什么哲学能让人望而生畏了。黑格尔哲学是哲学思维的百科全书。它和其他任何哲学一样，有它的缺点和谬误，但它深刻的洞见和广阔的视野是一般哲学难以企及的。

黑格尔哲学最让人诟病的就是他的绝对主义体系。但绝对主义的结论却容易满足年轻人试图一下子把握全部真理的野心，加上黑格尔特有的充满智慧的表达和论证，要想不被他征服是很难的。我虽然一度也醉心于他的绝对主义结论，但身边的绝对主义结论让我深恶痛绝，所以对黑格尔辩证法本身所蕴含的开放性情有独钟。辩证法让我看到任何独断的东西无论多么霸道，都将转眼即逝。真理和历史的发展是无限可能的；只是当时还未想到可能性的方向也是无限的。

不过，黑格尔不是那么容易理解的，尤其是他貌似独断的表述形式，未能深入他哲学堂奥的人会认为是纯粹逻辑的虚构。我在读了几年黑格尔后，也产生了这样的疑问，因为我根本不相信凡人能像上帝那样穷尽真理。正是在这时，罗素带着他的《西方哲学史》向我走来。现在看来，罗素的《西方哲学史》除了文笔优美流畅、通俗易懂外，问题不少。当然，也有一些独到之处。但无论如何，当时却使我接触了另外一种思维传统和风格——经验主义和实证主义的传统和风格。经验论者认为偶然因素永远不能从历史事件中完全排除，历史发展的趋势是无法严格预言的。这非常能在一颗对独断论，尤其是历史独断论深表怀疑的心灵中找到共鸣。

经验论和实证主义又总是将科学（实际上是近代自然科学）作为它们的理论依据，而科学在当时似乎具有无上权威，无人敢表示怀疑。因此，它们对黑格尔的批判也带着不容置疑的口吻。也许经验论的确起到了独断论的解毒剂的作用；也许是思想的成长期必然会有的逆反心理；但肯定是因为现实生活中独断的意识形态，使我一度疏远了黑格尔。

但是，经验主义哲学本身却无法满足我思维的激情，更无法回答生活提出的问题。我们这代人生活在一个剧变的时代，面对无数前人梦想不到的问题。正是为了要理解历史与生命，理解时代以及在此时代中生命的意义，使理想和激情在思想中得到升华，以完善和充实自己的生命，我才走向哲学。哲学于我首先不是一种职业、一种知识追求，而是一种生命追求和生活方式。可哲学到了经验主义和实证主义那里却成了纯粹的知识问题。它们那种狭隘的视野和将生活排除在哲学之外的态度，都使我不满。但经验主义却帮助我理解了康德。

有很长一段时间，康德对我是个谜。虽然我很早就有他的三大批判，但认真研读却是在当研究生时。康德不仅使我懂得了什么是先验哲学，更让我懂得哲学真正是人类自由的事业。康德哲学以形式主义著称，但在其形式主义的表述后面，分明是一颗深切关怀人类命运的伟大心灵。康德让我明白了哲学家和哲学专家的根本区别。可康德后来的崇拜者和追随者却不明此理，使哲学和其生活源泉日渐脱节。康德哲学也使我明了了近代哲学的全部可能性和根本问题，从而对近代西方哲学的现代性特征有比较深入的了解，为真正理解古希腊哲学和现代西方哲学准备了条件。

我最早接触的现代西方哲学家是罗素、杜威、尼采、萨特和维特根斯坦等人。但他们都不像海德格尔那样不仅给我理论上的激动和满足，而且使我自己的思想发生了根本的变化。海德格尔不仅批判地总结了西方思想的根本特点和问题，也深刻地揭示了现代的本质，以及现代人类的生存状况。就其深度和广度而言，没有任何一位其他现代哲学家可以与之相比。通过海德格尔，我逐渐摆脱传统的自然主义思维方式和在近代哲学影响下形成的一些基本信念，而能以一种新的批判的眼光来看待和思考我们这个时代和世界了。海德格尔恢复了中断已久的哲学与生活的关系，使我看到，哲学不仅是一种理论，而且还是，并首先是人类的生存实践。在一个危机重重的时代，哲学的沉默就是哲学的死亡。但哲学必须以新的方式来说话，它必须成为未来人类的基本实践之一。

海德格尔说他一生的工作就是解释西方哲学。他的确是一位西方哲学伟大的阐述者和教师，通过他，我对西方思想文化的实质有了较为透彻的了解，并且反过来对中国传统思想文化的实质也有了更为清晰的认识。严复早就指出，对于西方文化的了解会加深我们对自己文化传统的理解。中西文化的确有不少相近、相似乃至一致之处，但也有不少根本的不同。不过，即便如此，了解自己的最好方法仍然是从了解别人开始。了解西方思想是理解中国思想的特殊途径。我当初学习西方哲学的根本目的还是更好地理解中国的思想。

但我从不愿将中西思想文化区分为“自己的”和“别人的”。我虽然不认为人类的一切思想文化都是同一的，但我更愿将自己视为它们共同的继承人。万物皆备于我，祖先早有明训。虽然由于历史原因，我们这代人的思想发展更可能是从学习西方思想开始（因为传统文化近代以来遭到了无情的摧残和破坏），但这丝毫不意味着我们会和传统文化格格不入。通过传统、语言和社会生活继承下来的文化认同和基因是难以消除的。我们这代人中的最优秀者，必然是这个民族最忠实的儿女。

当初在穷乡僻壤学外语、读西书，根本没想到日后要以它为“专业”，混饭吃，而实在是出于时代问题的压迫，孔孟老庄似乎无法解答许多现实的困惑。但正因为那时读书纯粹是为己，而非为人，所以一旦接触到他们的文字，马上就被他们伟大的心胸和高远的气度所震撼，这种感觉与我读柏拉图和亚里士多德的感觉是一样的。我至今仍认为他们是人类伟大的典范，他们超凡脱俗的境界是今天的人们难以达到的。与读西哲不同的是，孔孟老庄的思想无须刻意去记，在适当的时候它们自会出现。它们无疑已化为了我的文化血脉。

如果说我对经子类的古籍往往是从学的目的出发去研读的话，那么对文史类的书更多是出于情感的需要去阅读。我在历史中找到了自己生命的起源和本根，在古往今来许多伟大灵魂那里得到激励和共鸣，自己的人格也由此得到教化与滋养。历史的生命在我们身上延续，而我们也终将成为历史的一部分，如诗人所说的那样：

在历史的太平洋中迸溅自己
使是一颗颗水滴
又要在陆地上生活的瞬间闪光
又要从海洋中见到一个永存

其实历史早已进入我们的生命，使我们无法回避历史的责任。费希特在《论学者的使命》中说过："学者的使命主要是为社会服务，因为他是学者，所以他比任何一个阶层都更能真正通过社会而存在，为社会而存在。"这就是说，学者应该关心人类的命运和发展。学者当然不是广场上的煽动者；但对于人类实实在在的问题掉头不顾，对于明目张胆的罪行和不义默不作声，被葬送的不仅仅是人类的良知和正义，还有学者和学术本身。不幸，现代社会及其学术制度越来越多地制造出两耳不闻窗外事、躲进小楼成一统的专家，而意识到自己人的职责高于一切的、费希特意义上的学者是越来越少了。这就使得中国传统对学者知行合一的要求更显其重要的现代意义。

20世纪已经结束。过去的这个世纪中国的文化状况是无法让人满意的。除了众所周知的外在原因外，中国的思想文化是怎样演变到今天这个样子的，这是我一直非常感兴趣的问题。对于我们的过去没有深入的理解，就难以清醒地走向未来。现代中国的问题表面上看是非常特殊的地区问题，深一层看这些问题都有它们普遍性一面，这就是它们无不与现代性的问题相关。对中国问题的思考，应该是对人类基本问题思考的一部分。

与20世纪末相比，人类在面对新的世纪时普遍感到忧虑和不确定，19世纪的乐观主义早已是明日黄花了。冷战的结束并不表明一种意识形态的胜利，而恰恰证明人类还没有什么灵丹妙方来一揽子解决人类今天所面临的严重问题。“儒家救世界”当然更是痴人说梦。人类今天比以往任何时候都需要思考和提问。既然没有现成的答案，就让我们一起来提出假设和寻找答案。

与西方学者相比，中国学者往往缺乏世界意识，总是不能像西方学者那样，以世界主人的心态和一种带普适性外表的话语来思考人类的基本问题。其实不光是西方学者，俄国学者或印度学者也都是这样。中国学者的眼光往往过于局限于中国问题，而没有意识到，现代性和全球化早已将世界连为一体，任何特殊和当地的问题都是人类基本问题的一部分。这就是为什么像人权这样的问题成了人类普遍关心的问题。只有也能原创地思考人类面临的基本问题，别人才会愿意和你对话。对话的基础是共同关心的问题，而不是对话者的特殊背景。仅仅因为你有东方文化的背景就要人家和你对话，理由是不充分的。对问题没有自己的看法，把人家的话语和学术规范模仿得再好也无济于事。光会说我们的先人对这个问题是如何看的，能让别人将你视为平等的对话者吗？中国的思想和文化走向世界，不能靠重新包装传统，而只能靠重新创造一个传统。

对于今天的中国来说，重新创造一个传统也意味着恢复传统。学术传统对于培养一个民族的理性精神和是非观念是十分重要的。学术传统不仅关系到学术文化的存亡继绝、薪火相传和发扬光大，关系到一个民族文化的繁荣发展，而且还关系到一个民族理智与良知的培养、对文明和文化的尊重，以及正义感和真理的维护。学术传统一旦荡然无存，颠倒黑白与指鹿为马将为常事。不幸，百年中国，灾难频频，学术传统受到的伤害尤大，以至于今天谈论学术传统，真如镜花水月一般。“学术”一词早已失去它应有的分量，成为一种粉饰和点缀，一种奖励或交易的借口，或商业利润的外包装。因此，新的世纪中国思想文化发展的一个最紧迫课题，就是重建学术文化传统。这不仅是学者的学术责任，也是学者的道德责任。

在中国重建学术传统或恢复学术传统，在我看来也是一个实践的问题。一方面，真正的学术要像王国维、陈寅恪先生那样，视学术为第一生命，通过自己创造性的努力，恢复中国学术的生命。另一方面，要有基本的学者操守，不能曲学阿世，也不能曲学为利。这些其实都是对学者的起码要求，21世纪中国的思想文化能否比20世纪有明显进步，实系于学者自身的品格与质量，系于学者自身的人生境界。总之，中国的学脉，系于中国的学魂。

由于历史原因，我们这一代学人是非常特殊的一代。一方面，大都有过坎坷的经历，往往是通过自学奠定日后的学术基础；另一方面，也都受过正规的学院教育，并且很多人有在国外学习研究的经历。这种特殊经历使得人们，甚至自己，对自己有较高的期许，觉得凭这种特殊经历、特殊机遇和特殊气质，以及生活在一个特殊时代，应当会有一番不俗的作为和成就。但同时，随着自身学养学力的加深，也越来越明白所要达到的目标谈何容易。当然，这代人中不少人已成名，有了踌躇满志的理由和资本。但前辈伟业和风范俱在，自欺欺人的鸵鸟方式只能满足自己的虚荣心和社会对于名人的需要，却并不能在历史上真正留下什么。

虽然历史在期盼我们这一代能给它留下一些积极的东西，但真理之路于我却是越来越漫长，面临的问题越来越多，而不是越来越少，但解决的前景似乎比当年更遥远。却也因为如此，思想的激情比之当年有过之而无不及，它为我提供了不断探索和思考的无穷动力。与之相比，能完成什么也许不是最重要的。这种不断追求自我完善和探索真理的精神，不也可以给这个精神疲惫的时代增添一种异样的生气和色彩，不也能给后来者以激励和感动吗？

当秋天来到的时候
你们也许　会迷失在森林中
燃烧出鲜艳的颜色　你们很年轻

在一片枯黄里
你们认得出自己

我想是这样。因为在真理的路上，我们从未止步。

（本文原是《激情的思想》序言，后载《含章集》，收入本书时有修改）